나 혼자 끝내는
독학 **영어**
첫걸음

나혼자 끝내는 독학 영어 첫걸음

지은이 김시연·이석재·배지영
감수자 이화실
펴낸이 임상진
펴낸곳 (주)넥서스

초판 1쇄 발행 2018년 6월 20일
초판 10쇄 발행 2024년 1월 30일

출판신고 1992년 4월 3일 제311-2002-2호
주소 10880 경기도 파주시 지목로 5
전화 (02)330-5500 팩스 (02)330-5555
ISBN 979-11-6165-108-8 13740

www.nexusbook.com

나혼자 끝내는
독학 영어
첫걸음

김시연 · 이석재 · 배지영 지음

넥서스

영어 공부를
처음 시작하시는 분들께

영어 공부, 많은 분들이 한번은 꼭 제대로 해 보겠다고 계획도 세우고 실천에도 옮겨 보지만 작심삼일로 끝나는 경우가 참 많습니다. 공부를 하다 보면 어느 순간 처음의 각오는 멀어지고 영어가 너무 어렵게 느껴져서 포기하고 싶은 순간이 몇 차례나 찾아오게 되니까요. 이 책은 '정말 나는 ABC도 헷갈린다'라고 생각하시는 분들, 또는 오랜만에 영어를 다시 공부해 보고 싶으신 분들이 포기하지 않고 한 장 한 장 끝까지 책 한 권을 떼는 보람을 느끼실 수 있도록 만들어졌습니다.

이 책은 처음 시작하는 여러분을 재촉하지 않습니다. 여러분이 포기하지 않고 끝까지 차근차근 함께 나아갈 수 있도록 영어 초보자의 수준에 딱 맞는 진도로 너무 더디지도 빠르지도 않게 꼭 필요한 내용만을 알차게 담았습니다.

어떤 언어에서든 첫걸음을 제대로 떼는 것이 중요한 이유는, 첫걸음 단계에서 익히게 되는 회화 표현들을 실제 원어민과의 의사소통에서도 자주 쓰게 되기 때문입니다. 우리가 막연히 어려울 것이라 상상하는 원어민들의 일상 언어는 사실 그렇게 복잡하지 않습니다. 우리가 이 책에서 배우게 될 기초 표현들에 조금만 살을 붙여도 원어민과의 의사소통이 가능해집니다. 이 과정에서 중요한 것은 영어를 '공부'할 대상이 아니라 '사용'할 대상으로 받아들이는 마음가짐입니다. 책의 부가자료로 제공되는 MP3를 잘 듣고 따라 해 보며 귀와 입을 통해서 영어를 직접 사용해 봅시다. 그러다 보면 어느 순간 자신에게 들어와 있는 영어를 발견하게 될 것입니다.

아무쪼록 〈나혼자 끝내는 독학 영어 첫걸음〉이 앞으로 여러분의 영어 공부에 있어서 든든한 조력자가 되길 바랍니다.

끝으로 책이 세상에 나오는 데 도움을 주신 모든 분들께 감사드립니다.

저자 김시연·이석재·배지영

나혼자 영어 공부법

1 먼저 동영상 강의를 들어 보세요.
본책을 공부한 다음에는 복습용 동영상을
보며 다시 한번 복습합니다.
》① QR코드
　② 유튜브

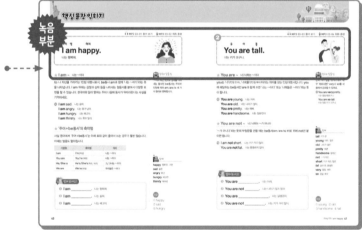

2 문장을 통해 주요 표현과 기초 문
법을 공부합니다. MP3를 들으며
단어도 같이 외워 주세요. 공부한
내용을 바로 확인할 수 있는 간단
한 연습문제가 있습니다.
》① QR코드
　② 넥서스 홈페이지
　③ 콜롬북스

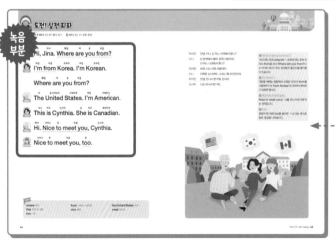

3 '핵심 문장 익히기'에서 배운 문장
들로 구성되어 있습니다. 처음에는
듣기 MP3를, 두 번째는 회화 훈련
MP3를 들으면서 따라 말해 보세요.

4 앞에서 배운 회화 표현들에서
어휘를 바꾸어 복습해 봅시다.

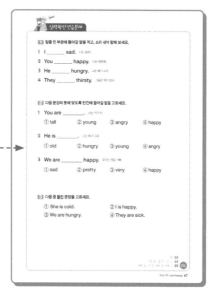

5 오늘의 공부를 마치면서 실력을 확인해
보는 시간! '핵심 문장 익히기'를 이해했
다면 쉽게 풀 수 있는 문제입니다.

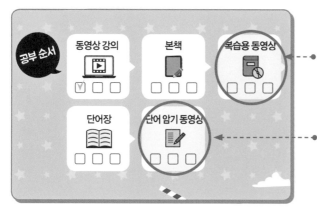

6 복습용 동영상을 보면서 '핵심 문장 익히기'와
'기본 회화 연습'의 내용을 확실하게 익힙시다.
 » ① QR코드　　　　② 유튜브

7 단어 암기는 외국어 학습의 기본입니다. 단어 암
기 동영상을 틈틈이 반복해서 보면 단어를 보다
쉽게 외울 수 있습니다.
 » ① QR코드　　　　② 유튜브

〈나혼자 끝내는 독학 영어 첫걸음〉은?

〈나혼자 끝내는 독학 영어 첫걸음〉은 혼자서 영어를 공부하는 분들을 위해 개발된 독학자 맞춤형 교재입니다. 학원에 다니지 않아도, 단어장이나 다른 참고서를 사지 않아도 이 책 한 권만으로 충분히 영어 기초 과정을 마스터할 수 있도록 구성되어 있습니다.

〈나혼자 끝내는 독학 영어 첫걸음〉은 본책과 함께 부록으로 단어장을 제공합니다. 혼자 공부하는 학습자들을 위해 총 8가지 독학용 학습자료를 무료로 제공하고 있습니다.

온라인 무료 제공

 동영상 강의
저자 선생님이 왕초보 학습자들이 헷갈려하는 영어의 핵심을 콕콕 집어 알려 줍니다.

 발음 특훈 동영상
영어 독학자들이 처음부터 자신 있게 공부할 수 있도록 문자와 발음을 상세하게 설명해 드립니다.

 복습용 동영상
'핵심 문장 익히기'에 나온 문장들을 복습할 수 있도록 구성된 동영상입니다. 반복해서 보면 문장들을 통암기할 수 있을 것입니다.

 단어 암기 동영상
깜빡이 학습법으로 단어를 자동 암기할 수 있도록 도와줍니다.

 듣기 MP3
영어 원어민의 정확한 발음을 들어 보세요. MP3만 들어도 듣기 공부가 됩니다.

 회화 훈련 MP3
회화 훈련 MP3는 영어 음성을 듣고 따라 말하는 연습을 할 수 있도록 구성되어 있습니다.

 도우미 단어장
각 Day의 주요 단어들을 정리해 놓았습니다. 단어 암기는 외국어 학습의 기본입니다. 들고 다니면서 틈틈이 단어를 암기합시다.

 왕초보 그림 단어장
책에 나온 단어 외에 일상생활에서 자주 쓰이는 단어들을 정리했습니다. 그림과 함께 제시하여 쉽게 외울 수 있습니다.

무료 동영상 & MP3 보는 법

방법 1

스마트폰에 QR코드 리더를 설치하여
책 속의 QR코드를 인식한다.

» 동영상 & MP3

방법 2

nexusbook.com에서 도서명으로 검색한 다음
MP3/부가자료 영역에서 인증받기 를 클릭한다.

» MP3

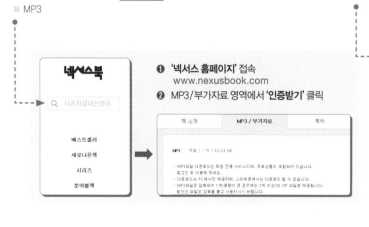

❶ '넥서스 홈페이지' 접속
www.nexusbook.com

❷ MP3/부가자료 영역에서 '인증받기' 클릭

방법 3

유튜브에서 〈나혼자 끝내는 영어〉를 검색한다.

» 동영상

18일 완성 학습 플래너

동영상 강의 ▶ 복습용 동영상 🗒
단어 암기 동영상 ✍ 단어장 📖

	공부한 날	동영상 강의	본책 MP3를 함께 들어 보세요	복습용 동영상	도우미 단어장	단어 암기 동영상
Day 01	월 일	▶ 발음 특훈	1회 2회 3회 16~27쪽			
Day 02	월 일	▶	1회 2회 3회 28~37쪽	🗒	📖 3쪽	
Day 03	월 일	▶	1회 2회 3회 38~47쪽	🗒	📖 4쪽	✍
Day 04	월 일	▶	1회 2회 3회 48~57쪽	🗒	📖 5쪽	✍
Day 05	월 일	▶	1회 2회 3회 58~67쪽	🗒	📖 6쪽	✍
Day 06	월 일	▶	1회 2회 3회 68~77쪽	🗒	📖 7쪽	✍
Day 07	월 일	▶	1회 2회 3회 78~87쪽	🗒	📖 8쪽	✍
Day 08	월 일	▶	1회 2회 3회 88~97쪽	🗒	📖 9쪽	✍
Day 09	월 일	▶	1회 2회 3회 98~107쪽	🗒	📖 10~11쪽	✍

	공부한 날	동영상 강의	본책 MP3를 함께 들어 보세요	복습용 동영상	도우미 단어장	단어 암기 동영상
Day 10	월 일	▶	1회 2회 3회 108~117쪽	📖	📖 12쪽	📝
Day 11	월 일	▶	1회 2회 3회 118~127쪽	📖	📖 13쪽	📝
Day 12	월 일	▶	1회 2회 3회 128~137쪽	📖	📖 14~15쪽	📝
Day 13	월 일	▶	1회 2회 3회 138~147쪽	📖	📖 16~17쪽	📝
Day 14	월 일	▶	1회 2회 3회 148~157쪽	📖	📖 18~19쪽	📝
Day 15	월 일	▶	1회 2회 3회 158~167쪽	📖	📖 20쪽	📝
Day 16	월 일	▶	1회 2회 3회 168~177쪽	📖	📖 21쪽	📝
Day 17	월 일	▶	1회 2회 3회 178~187쪽	📖	📖 22쪽	📝
Day 18	월 일	▶	1회 2회 3회 188~197쪽	📖	📖 23~24쪽	📝

목차

Day 01 — 알파벳과 발음   16

- ☐ 알파벳
- ☐ 영어사전 1000% 활용법
- ☐ 영어에도 존댓말과 존칭어가 있나요?
- ☐ 알파벳 발음 방법
- ☐ 영어의 대문자와 소문자
- ☐ 주의할 영어 발음

Day 02 — Hello!   안녕!   28

- ☐ 인사하기
- ☐ 헤어질 때 하는 인사
- ☐ 자기 전에 하는 인사
- ☐ 안부 묻고 답하기
- ☐ See you

Day 03 — I am happy.   난 행복해.   38

- ☐ I am ~
- ☐ You are ~
- ☐ He is ~
- ☐ We are ~
- ☐ '주어+be동사'의 축약형
- ☐ You are not ~
- ☐ 인칭대명사+be동사+명사
- ☐ 인칭대명사와 be동사

Day 04 — I take the subway.   난 지하철을 타.   48

- ☐ I like ~
- ☐ You play ~
- ☐ 정관사 the
- ☐ They/We+don't+일반동사
- ☐ Do you like ~?
- ☐ He/She takes ~
- ☐ They/We+일반동사

Day 01
알파벳과 발음

MP3와 강의를 들어 보세요

 발음 특훈 동영상 본책

 알파벳

알파벳은 26자로 구성되어 있으며, 모음과 자음으로 나누어집니다. 모음은 우리말의 모음(아, 에, 이, 오, 우)과 같은 소리가 나는 다섯 글자 a, e, i, o, u입니다. 이 모음들을 제외한 나머지 21자가 자음입니다.

 영어 발음을 한글로 표기하는 데는 한계가 있으니, MP3로 원어민 발음을 들으면서 정확한 발음을 확인하세요. 자주 듣고 입으로 소리 내어 말해 보아야 발음에 익숙해지게 됩니다.

🎧 MP3 01-01

대문자	소문자	발음	단어
A	a	에이	apple [애플] 사과
B	b	비	ball [볼] 공
C	c	씨	cat [캣] 고양이
D	d	디	dog [독] 개
E	e	이	eagle [이글] 독수리
F	f	에프	fish [피쉬] 물고기
G	g	지	grapes [그레이프스] 포도
H	h	에이치	hat [햇] 모자
I	i	아이	ice [아이스] 얼음
J	j	제이	jelly [젤리] 젤리
K	k	케이	king [킹] 왕

L	l	엘	leaf [리프] 나뭇잎
M	m	엠	moon [문] 달
N	n	엔	nose [노즈] 코
O	o	오	onion [어니언] 양파
P	p	피	pen [펜] 펜
Q	q	큐	queen [퀸] 여왕
R	r	알	rabbit [래빗] 토끼
S	s	에스	sun [썬] 태양
T	t	티	tiger [타이거] 호랑이
U	u	유	umbrella [엄브렐러] 우산
V	v	브이	violin [바이올린] 바이올린
W	w	더블유	watermelon [워터멜론] 수박
X	x	엑스	xylophone [자일로폰] 실로폰
Y	y	와이	yacht [야트] 요트
Z	z	지	zebra [지브라] 얼룩말

알파벳 발음 방법

🎧 MP3 01-02

A/a	a [애] ai [에이] ay [에이] a_e [에이]	a의 기본 발음은 [에이]입니다. a 하나만 쓰였을 때에는 [애] 소리가 납니다. ai, ay처럼 a 뒤에 i나 y가 있으면 [에이] 소리가 됩니다. 모음인 a 뒤에 자음이 하나 오고 마지막 글자가 e로 끝나는 단어인 경우 a가 길게 [에이]로 발음됩니다. 예 cat [캣] 고양이 tail [테일] 꼬리 play [플레이] 놀다 cake [케이크] 케이크
B/b	b [ㅂ]	b의 기본 발음은 [ㅂ]입니다. 예 baby [베이비] 아기 big [빅] 큰
C/c	c [ㅅ] / [ㅋ] ch [ㅊ] chr [ㅋ]	c는 기본적으로 [ㅅ] 또는 [ㅋ] 소리가 납니다. c와 h가 결합한 ch의 경우 [ㅊ] 소리로 발음되지만 예외적으로 [ㅋ] 소리가 나기도 합니다. chr이 연달아 나오는 경우 ch가 [ㅊ]로 발음되지 않고 언제나 [ㅋ]로 발음됩니다. 예 city [씨티] 도시 corn [콘] 옥수수 change [체인지] 바꾸다 school [스쿨] 학교 Christmas [크리스마스] 크리스마스
D/d	d [ㄷ]	d의 기본 발음은 [ㄷ]입니다. 예 day [데이] 하루, 날 duck [덕] 오리
E/e	e [에] ee [이] ea [이] ey [이]	e의 기본 발음은 [에]입니다. ee나 ea처럼 두 개의 모음이 나란히 사용될 경우 길게 [이] 소리가 납니다. ey는 보통 단어의 끝에 많이 나오는 소리로, 짧은 [이] 소리가 납니다. 예 hen [헨] 암탉 bee [비] 꿀벌 eat [이트] 먹다 honey [허니] 꿀

F/f	**f** [ㅍ]	f는 우리말에 없는 발음입니다. 윗니로 아랫입술을 살짝 물었다가 떼며 [ㅍ] 소리를 냅니다. 例 **fine [파인]** 좋은 　**face [페이스]** 얼굴
G/g	**g** [ㄱ] / [ㅈ]	g는 [ㄱ]나 [ㅈ] 발음이 납니다. 例 **go [고]** 가다 　**girl [걸]** 소녀 　**gentleman [젠틀맨]** 신사 　**giraffe [지래프]** 기린
H/h	**h** [ㅎ]	h는 보통 [ㅎ] 소리가 납니다. 例 **hello [헬로]** 안녕 　**hot [핫]** 뜨거운
I/i	**i** [이] / [아이] **i_e** [아이]	i는 보통 [이]나 짧은 [아이]로 발음됩니다. i 뒤에 자음이 오고 마지막이 e로 끝나면 i는 [아이]로 발음됩니다. 例 **sit [씻]** 앉다 　**kind [카인드]** 친절한 　**nice [나이스]** 좋은
J/j	**j** [ㅈ]	j의 기본 발음은 [ㅈ]입니다. 例 **jam [잼]** 잼 　**jump [점프]** 뛰다
K/k	**k** [ㅋ] **kn** [ㄴ]	k의 기본 발음은 [ㅋ]입니다. 그러나 n이 바로 뒤에 오면 [ㅋ] 소리가 나지 않고 [ㄴ] 소리만 납니다. 例 **kiss [키스]** 키스 　**knife [나이프]** 칼
L/l	**l** [ㄹ]	l의 기본 발음은 [ㄹ]입니다. 혀가 윗니의 뒷부분을 살짝 건드리면서 [ㄹ] 소리가 나도록 합니다. 例 **land [랜드]** 땅 　**lemon [레몬]** 레몬
M/m	**m** [ㅁ]	m의 기본 발음은 [ㅁ]입니다. 例 **make [메이크]** 만들다 　**man [맨]** 남자

N/n	n [ㄴ]	n의 기본 발음은 [ㄴ]입니다. 예 notebook [노트북] 공책 　name [네임] 이름
O/o	o [아] / [오우] oo [우]	o의 기본 발음은 [아]와 [오우]입니다. oo처럼 o가 두 개 붙어 있으면 길게 [우] 소리가 납니다. 예 top [탑] 꼭대기 　notice [노우티스] 공지 　food [푸드] 음식
P/p	p [ㅍ] ph [ㅍ]	p는 기본적으로 [ㅍ] 소리가 나지만 뒤에 h가 오는 경우 f와 똑같은 소리가 나니 주의하세요. 예 party [파티] 파티 　phone [폰] 전화기
Q/q	q [ㅋ]	q는 입술을 동그랗게 말고 [쿠우] 하고 길게 소리를 냅니다. 그냥 [ㅋ] 소리보다 입술을 더 길게 빼서 내는 소리입니다. 대부분 u와 함께 쓰이므로 qu-를 하나의 세트로 외우면 편합니다. 예 quick [퀵] 빠른 　quiz [퀴즈] 퀴즈
R/r	r [ㄹ]	혀를 뒤로 만 다음 혀가 입천장에 닿지 않도록 [ㄹ] 소리를 냅니다. 예 rice [라이스] 쌀 　radio [래디오] 라디오
S/s	s [ㅅ] sh [슈]	s의 기본 발음은 [ㅅ]이고, 경우에 따라 z처럼 발음되기도 합니다. 그런데 h가 함께 있으면 '조용히 해!' 할 때 '쉿' 하는 것처럼 바람 빠지는 소리가 납니다. 입술을 앞으로 쭉 빼고 [슈] 소리를 내 보세요. 예 sky [스카이] 하늘 　visit [비지트] 방문하다 　she [쉬] 그녀
T/t	t [ㅌ] th [ㅆ] / [ㄷ] tr [ㅌㄹ]	t의 기본 발음은 [ㅌ]입니다. 뒤에 h와 결합되면 혀의 앞부분을 이 사이에 살짝 물고 [ㅆ]로 발음하거나 [ㄷ]로 발음합니다. 뒤에 r이 오면 [ㅌ] 소리에 살짝 [ㅊ]가 섞인 듯한 소리가 납니다. 예 toy [토이] 장난감 　throw [쓰로우] 던지다 　this [디스] 이것 　tree [트리] 나무

U/u	u [우] / [어]	u의 기본 발음은 [우]입니다. 입술을 동그랗게 하고 [우] 소리를 냅니다. oo의 [우]보다는 소리가 조금 짧습니다. [어]로 소리 나는 경우도 있습니다. 예 full [풀] 가득한 　　push [푸쉬] 밀다 　　number [넘버] 숫자
V/v	v [ㅂ]	v는 f와 비슷하지만 [ㅍ]보다는 [ㅂ] 쪽에 가까운 소리입니다. f와 마찬가지로 앞니로 아랫입술을 살짝 물었다가 놓으면서 [ㅂ] 소리를 냅니다. 예 voice [보이스] 목소리 　　violin [바이올린] 바이올린
W/w	w [우]	w는 입술을 동그랗게 하고 [우]에 [어] 소리를 살짝 더합니다. w는 자음에 속하지만, 발음하는 방법이 모음과 비슷하여 반모음(semi-vowel)으로 불리기도 하며 모음의 기능을 가지고 있기도 합니다. 예 wall [월] 벽 　　water [워터] 물 　　owl [아울] 올빼미 　　cow [카우] 소
X/x	x [ㄱㅅ] / [ㅈ]	x의 발음은 [ㄱㅅ] 또는 [ㅈ]로 납니다. 음절의 끝에서는 보통 [ㄱㅅ] 소리가 나고, 앞에 놓이면 z와 비슷한 [ㅈ]로 발음됩니다. 예 mix [믹스] 섞다 　　xylophone [자일로폰] 실로폰
Y/y	y [이]	y도 w와 마찬가지로 단어의 맨 앞에 놓여 자음처럼 쓸 수도 있고 다른 모음과 함께 모음처럼 사용될 수 있습니다. 기본적으로는 [이] 소리가 납니다. 예 year [이어] 년, 해 　　yoyo [요요] 요요 　　boy [보이] 소년
Z/z	z	이를 모두 다물고 혀로 앞니 뒷부분을 밀면서 [ㅈ] 소리를 냅니다. 입안에 살짝 진동이 느껴지듯이 하면 정확한 발음이 됩니다. 예 zoo [주] 동물원 　　size [사이즈] 크기

 영어사전 1000% 활용법

★ 사전에 자주 등장하는 약어를 잘 익혀 두세요.

명　사: noun / n.
동　사: verb / v.
형용사: adjective / adj.
부　사: adverb / adv. / advb.

★ 찾고자 하는 단어의 첫 글자를 사전에서 찾아 주세요.

예를 들어 사전에서 dog를 찾으려면 D 부분을 펼치면 됩니다. 그리고 그 다음 글자의 알파벳순으로 찾아가면 됩니다. d-a, d-b, d-c를 지나 do까지 오면 그 후 다시 do-a, do-b, do-c를 지나 dog를 찾으시면 됩니다.

★ 이제 단어의 뜻을 읽어 보세요.

어떤 사전들은 동의어(유의어)나 반의어를 함께 제시하기도 합니다. 관련된 단어들을 알아 두면 공부에 많은 도움이 되겠죠?

영어의 대문자와 소문자

영어의 알파벳 26자는 각각 대문자와 소문자 한 쌍으로 이루어져 있습니다. 즉 알파벳은 실제로 52자인 셈입니다. 대부분 글을 쓸 때는 소문자로 쓰면 되는데, 아래와 같이 반드시 대문자를 써야 하는 경우가 있으니 꼭 기억해 두세요.

★ 문장의 첫 번째 글자

문장의 첫 번째 단어의 첫 번째 글자는 항상 대문자로 씁니다.

★ '나'를 뜻하는 I

'나'라는 뜻의 I는 문장의 맨 앞뿐 아니라 어느 위치에 있어도 언제나 대문자로 씁니다.

★ 고유명사의 첫 번째 글자

세상에 유일하게 존재하는 것들을 가리키는 명사를 '고유명사'라고 합니다. 예를 들어 사람의 이름(Ryan, Jina), 나라 이름(Korea, France, China), 도시 이름(Seoul, London)의 첫 글자는 항상 대문자입니다.

★ 약어

여러 단어를 합쳐 머리글자만 남긴 약어의 경우 모두 대문자로 표기합니다.

 United Nations　→　UN

the United States of America　→　the USA

영어에도 존댓말과 존칭어가 있나요?

영어의 호칭 체계는 우리말보다 훨씬 간단합니다. 한국어만큼 친척들을 부르는 명칭이 다양하지도 않고, 직장 동료를 부를 때에도 '이 부장님'처럼 직급을 붙여 부르기보다는 대부분 이름을 바로 부릅니다. 보다 격식을 차려서 상대방을 부르고 싶을 때에는 상대방의 성 앞에 Mr.(남자인 경우)나 Ms.(여자인 경우)를 붙이면 됩니다.

 Mr. Brown　Brown 씨(남자)

Ms. Kim　Kim 씨(여자)

이와 마찬가지로 존댓말도 한국어처럼 체계적으로 발달되어 있지는 않지만 may/would/could 등을 써서 좀 더 공손한 표현을 만들 수 있습니다. 예를 들어 may나 could는 '~해도 된다'는 허락의 의미를 갖는데, 이 동사들을 의문문으로 써서 May I sit here?라고 쓰면 '제가 여기 앉아도 될까요?'라고 상대의 허락을 구하는 표현이 됩니다. would와 could는 조동사 부분에서 자세히 설명하도록 하겠습니다.

주의할 영어 발음

★ 한국어에는 없는 발음 f, v, th, r, z

한국어에는 존재하지 않는 소리이기 때문에 발음하기 특히 어려운 알파벳들이 몇 가지 있습니다. 아래 표를 보면서 발음을 익혀 봅시다.

🎧 MP3 01-03

알파벳	단어	발음
f	fire	f 발음은 윗니로 아랫입술을 살짝 누르고 입술 사이에서 바람이 새듯이 발음합니다. 너무 힘을 주어서 입술을 꽉 물거나 입술을 말지 않고 살짝만 눌러서 바람이 빠지는 느낌으로 발음해 주세요. 가장 중요한 점은 입술과 입술이 부딪치지 않고, 윗니가 아랫입술에 살짝 걸쳐진 상태에서 풍선에서 바람이 빠지는 것처럼 가볍게 소리 낸다는 것입니다.
v	visit	v 발음도 f 발음처럼 아랫입술을 살짝 누르고 입술과 이 사이로 소리를 내면 됩니다. 단, v는 유성음이기 때문에 목에 떨림이 느껴지도록 소리 내야 합니다.
th	this thank you	th 발음은 크게 우리말의 [ㄷ]과 비슷한 소리(this)와 [ㅆ]와 비슷한 소리(thank) 두 가지로 나뉩니다. 예를 들어 thank you라고 말할 때에는 혀를 살짝 이 사이로 내밀고 [ㅆ] 소리처럼 발음합니다. 혀를 이 사이로 내밀지 않으면 s나 t 소리로 들릴 수 있으니 주의하세요. this(이것)라고 말할 때에는 혀를 같은 위치에 놓지만 무성음이 아닌 유성음으로 발음합니다. 즉 바람 빠지는 소리가 아닌 성대가 울리는 느낌으로 발음해야 합니다.
r	red	l과 r 발음의 차이는 l은 혀가 윗니 뒷부분에 닿지만 r은 혀가 그보다 뒤로 가면서 윗니나 입천장에 닿지 않는다는 것입니다. 발음하기 전에 '우'처럼 입을 동그랗게 앞으로 내밀고 나서 r 발음을 시작하면 소리가 더 잘 만들어집니다.
z	zero	z는 s와 거의 비슷한 위치에서 발음됩니다. 윗니와 아랫니가 거의 붙은 상태에서 혀가 윗니 바로 뒤에 닿도록 합니다. 이때 입술이 서로 붙지 않도록 합니다. 그리고 혀를 아래쪽으로 살짝 내리면서 이 사이로 소리가 빠져나가도록 합니다. z는 유성음이기 때문에 성대가 울리도록 발음합니다.

★ 함께 쓰였을 때 소리가 달라지는 알파벳

어떤 알파벳들은 두 글자가 나란히 놓였을 때 소리가 달라집니다.

🎧 MP3 01-04

알파벳	단어	발음
wh	white what	w와 h가 함께 쓰이면 [ㅎ] 소리가 거의 나지 않고 w만 있는 것처럼 소리가 납니다. white의 경우 [화이트]보다는 [와이트]에 가깝고, what은 [왓]과 비슷한 소리가 됩니다.
ph	phone	p와 h가 같이 있으면 f와 동일한 발음이 됩니다. 예를 들어 phone은 fone처럼 발음하면 됩니다.
gh	tough	g와 h가 함께 있을 때에도 f 발음으로 바뀝니다. 따라서 tough는 touf처럼 발음해야 합니다.
ch	watch change	ch가 나란히 오면 [ㅊ], [ㅋ], [슈] 소리 중 하나로 발음됩니다. 그 중 [ㅊ]로 발음되는 경우가 가장 흔한데, 예를 들면 watch는 [웟치], change는 [체인지]로 발음됩니다. 하지만 school [스쿨]에서처럼 [ㅋ] 소리가 날 때도 있습니다. 드물게는 chef [쉐프], machine [머신]처럼 [슈] 소리가 나는 경우도 있습니다.
sh	shape wash	sh는 조용히 하라고 '쉿' 할 때와 비슷한 소리가 납니다. s 발음보다 좀 더 '쉬익' 하고 바람이 빠지는 듯한 느낌으로 발음해 주세요.

Day 02
Hello!
안녕!

월   일

MP3와 강의를 들어 보세요

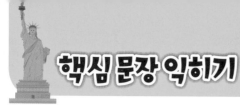
핵심 문장 익히기

1

^{헬로}
Hello!
안녕!

⭐ 인사하기

Hello는 누군가를 만났을 때 하는 가장 기본적이고 일반적인 인사입니다. Hello 대신 가볍게 Hi라고 할 수도 있습니다. 시간대별로 다음과 같이 인사할 수 있습니다.

평상시 인사	**Hello!** [헬로] **Hi!** [하이]
아침 인사	**Good morning.** [굿 모닝]
오후 인사	**Good afternoon.** [굿 애프터눈]
저녁 인사	**Good evening.** [굿 이브닝]

📖 **Hi**, David!　안녕, 데이비드!

　 Good morning, Tom.　안녕, 톰.

　 Good afternoon, Cynthia.　안녕, 신시아.

 단어

hello 안녕
hi 안녕
good 좋은
morning 아침
afternoon 오후
evening 저녁

말해 보세요!

❶ _____! 안녕! (평상시 인사)

❷ Good _____. 안녕. (아침 인사)

❸ Good _____. 안녕. (오후 인사)

❹ Good _____. 안녕. (저녁 인사)

 정답

① Hello 또는 Hi
② morning
③ afternoon
④ evening

❷

하우　아　유
How are you?
어떻게 지내?

⭐ 안부 묻고 답하기

how(어떻게)라는 단어를 써서 '어떻게 지내?', '잘 지내?'라는 의미로 How are you?라고 말할 수 있습니다. 이와 같이 안부를 물었을 때는 I'm ~(나는 ~해)을 활용하여 기분이나 상태에 따라 답할 수 있습니다. I'm ~을 빼고 great나 fine 등만 써서 대답할 수도 있습니다.

> **I'm great.** [아임 그레이트] 아주 좋아.
> **I'm good.** [아임 굿] 좋아.
> **I'm fine.** [아임 파인] 괜찮아.

예 **A: How are you?**　어떻게 지내?
　B: I'm great.　아주 좋아.

 단어

how 어떻게
great 매우 좋은, 훌륭한
good 좋은
fine 괜찮은

말해 보세요!

❶ **How are _____?**　어떻게 지내?

❷ **I'm _____.**　아주 좋아.

❸ **I'm _____.**　괜찮아.

❹ **I'm _____.**　좋아.

 정답

① you　② great
③ fine　④ good

3

🎧 MP3 02-05 들어 보기   🎤 MP3 02-06 회화 훈련

^{굿 바이}
Goodbye!
안녕!

★ 헤어질 때 하는 인사

헤어질 때 하는 대표적인 인사로는 Goodbye가 있습니다. 보다 간단하게 Bye라고 만 말할 수도 있습니다. 그 외에 '안녕' 또는 '다음에 봐요'와 같은 표현들은 다음과 같 습니다.

> **See you.** [씨 유] 또 봐.
> **See you later.** [씨 유 레이터] 나중에 봐.
> **Take care.** [테익 케어] 잘 지내.
> **Have a good day.** [해버 굿 데이] 좋은 하루 보내.

★ See you

See you라는 표현 뒤에 시간을 나타내는 말을 붙이면 '그때 다시 보자'는 뜻이 됩니 다. 예를 들어 내일을 의미하는 tomorrow를 붙여서 See you tomorrow라고 하면 '내일 보자'라는 뜻이 되지요.

🗨 **See you** tomorrow.   내일 보자.
　 See you next week.   다음 주에 보자.

 단어

see 보다
you 너
later 나중에
take care 잘 지내
have 가지다
day 날
tomorrow 내일
next 다음
week 주

말해 보세요!

❶ See you _____.   나중에 봐.

❷ See you _____ week.   다음 주에 봐.

❸ _____ a good day.   좋은 하루 보내.

❹ Take _____.   잘 지내.

 정답

① later ② next
③ Have ④ care

🎧 MP3 02-07 들어 보기　🎤 MP3 02-08 회화 훈련

4

구　　　나잇
Good night.
잣 자.

⭐ 자기 전에 하는 인사

Good morning이나 Good afternoon처럼, 밤에 자기 전에는 night(밤)이 들어간 Good night이라는 인사를 합니다. 똑같이 Good night이라고 대답할 수도 있고, 보다 다정하게 말한다면 Sweet dreams(좋은 꿈 꿔)라고 말할 수도 있습니다.

🔊 A: **Good night**, Tom. 잘 자, 톰.
　 B: **Sweet dreams.** 좋은 꿈 꿔.

 단어

night 밤
sweet 달콤한, 좋은
dream 꿈(dreams는 dream의 복수형)

 말해 보세요!

❶ Good _____. 잘 자.

❷ Sweet _____. 좋은 꿈 꿔.

정답
① night ② dreams

🎧 MP3 02-09 들어 보기   🎤 MP3 02-10 회화 훈련

 헬로   라이언
Hello, Ryan.

 하이   지나   하우 아 유
Hi, Jina! How are you?

 아임   굿   땡큐
I'm good. Thank you.

...

 바이   씨   유   투모로우
Bye. See you tomorrow!

 씨   유   테익   케어
See you! Take care!

 단어

hello 안녕	**hi** 안녕	**good** 좋은
bye 안녕	**tomorrow** 내일	**take care** 잘 지내

34

지나	안녕, 라이언.
라이언	안녕, 지나! 어떻게 지내?
지나	잘 지내. 고마워.
💬	
라이언	안녕. 내일 보자!
지나	또 봐! 잘 지내!

❶ How are you?
how는 '어떻게'라는 뜻으로, How are you?
라고 물으면 '잘 지내니?'라는 뜻이 됩니다. 이렇게 물었을 때에는 I'm ~(나는 ~해)으로 시작하는 문장으로 답할 수 있습니다.

❷ Thank you.
상대방이 안부를 물어봐 주면 보통 나는 어떻게 지낸다고 답한 후 신경 써 줘서 고맙다는 뜻으로 Thank you라고 덧붙입니다.

❸ Take care!
헤어질 때 상대방이 Bye 또는 See you라고 말하면 똑같이 Bye나 See you로 답해도 되고, '잘 지내'라는 뜻의 Take care라고 인사해도 됩니다.

일상회화
TIP

🎧 MP3 02-11

감사할 때

유 얼 웰 컴
You're welcome.
천만에요.

땡 큐
Thank you!
감사합니다!

사과할 때

노 프라블럼
No problem.
괜찮아요.

아 임 쏘 리
I'm sorry.
미안합니다.

Tip No problem은 상대방이 무언가 부탁했을 때 '문제없어요', '물론이죠' 하고 승낙할 때에도 쓰입니다.

되물을 때

파 든 미
Pardon me?
뭐라고요?

36

1 밑줄 친 부분에 들어갈 말을 적고, 소리 내어 말해 보세요.

1 A: Good _____, Kelly. 안녕(오후 인사), 켈리.

B: Good _____. 안녕. (오후 인사)

2 A: How are _____? 잘 지내?

B: I'm _____. 괜찮아.

3 A: Good_____. 안녕. (헤어질 때 인사)

B: Take _____. 잘 지내.

2 다음 문장의 뜻에 맞도록 빈칸에 들어갈 말을 고르세요.

1 Good _____! 좋은 아침!

① morning　　② afternoon　　③ evening　　④ night

2 Have a _____ day. 좋은 하루 보내.

① care　　　　② see　　　　③ take　　　　④ good

3 Sweet _____. 좋은 꿈 꿔.

① tomorrow　　② dreams　　③ bye　　　　④ night

Day 03

I am happy.
난 행복해.

월　　일

MP3와 강의를 들어 보세요

공부 순서

동영상 강의	본책	복습용 동영상
☑ ☐ ☐	☐ ☐ ☐	☐ ☐ ☐

단어장	단어 암기 동영상
☐ ☐ ☐	☐ ☐ ☐

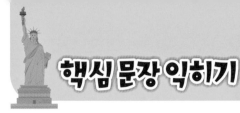

핵심 문장 익히기

①

아이 엠   해피
I am happy.
나는 행복해.

⭐ **I am ~** 나는 ~이다

I는 나 자신을 가리키는 1인칭 대명사로서, be동사 am과 함께 '나는 ~이다'라는 뜻을 나타냅니다. I am 뒤에는 감정과 상태 등을 나타내는 형용사를 붙여서 다양한 표현을 할 수 있습니다. 한국어와 달리 영어는 주어 다음에 동사가 뒤따라온다는 사실을 기억하세요.

예 **I am** sad. 나는 슬퍼.
I am angry. 나는 화가 났어.
I am hungry. 나는 배고파.
I am thirsty. 나는 목이 말라.

⭐ **'주어+be동사'의 축약형**

사실 영어에서 '주어+be동사'는 아래 표와 같이 줄여서 쓰는 경우가 훨씬 많습니다. 이때는 발음도 짧아집니다.

기본형	축약형	의미
I am	I'm [아임]	나는 ~이다
You are	You're [유얼]	너는 ~이다
He/She is	He's/She's [히즈/쉬즈]	그/그녀는 ~이다
We are	We're [위얼]	우리들은 ~이다

 왕초보 탈출 팁

'~이다'라는 뜻으로 상태를 나타내는 동사인 be동사는 주어의 인칭에 따라 am/are/is 세 가지 형태로 변화합니다.

 단어

happy 행복한, 기쁜
sad 슬픈
angry 화난
hungry 배고픈
thirsty 목마른

🗽 **말해 보세요!**

❶ I am _____. 나는 행복해.

❷ I am _____. 나는 슬퍼.

❸ I am _____. 나는 배고파.

정답
① happy
② sad
③ hungry

②

유 아 톨
You are tall.
너는 키가 크구나.

⭐ You are ~　너/너희는 ~이다

you는 '너'(2인칭 단수), '너희들'(2인칭 복수)이라는 의미를 갖는 인칭대명사입니다. you 와 호응하는 be동사인 are과 함께 쓰면 '너는 ~이다' 또는 '너희들은 ~이다'라는 뜻 이 됩니다.

예　**You are** young.　너는 어려.
　　You are old.　너는 나이가 많아.
　　You are pretty.　너는 예뻐.
　　You are handsome.　너는 잘생겼어.

⭐ You are not ~　너/너희는 ~가 아니다

'~가 아니다'라는 뜻의 부정문을 만들 때는 be동사(am/are/is) 바로 뒤에 not만 붙 이면 됩니다.

예　I am **not** short.　나는 키가 작지 않아.
　　You are **not** fat.　너는 뚱뚱하지 않아.

🚕 **왕초보 탈출 팁**

만약 키가 '정말' 크거나 목이 '매 우' 마르다면? very나 so를 사 용해서 강조할 수 있어요.

예 You are **very** pretty.
　　너는 정말 예쁘구나.
　　You are **so** tall.
　　너는 정말 키가 크구나.

🍟 **단어**

tall 키가 큰
young 어린, 젊은
old 나이가 많은
pretty 예쁜
handsome 잘생긴
not ~가 아닌
short 키가 작은, 짧은
fat 살이 찐, 뚱뚱한
very 정말, 매우
so 정말, 매우

🗽 **말해 보세요!**

❶ **You are** _____.　너는 어려.

❷ **You are not** _____.　너는 나이가 많지 않아.

❸ **You are** _____.　너는 잘생겼어.

❹ **You are not** _____.　너는 키가 크지 않아.

🅰 **정답**

① young　② old
③ handsome　④ tall

3

히 이즈 어   투리스트
He is a tourist.
그는 관광객입니다.

★ He is ~   그는 ~이다

he와 she는 각각 '그'와 '그녀'를 의미하는 인칭대명사입니다. 둘 다 be동사인 is와 결합하여 '그/그녀는 ~이다'라는 문장을 만들 수 있습니다.

예 **He is** a student.   그는 학생이다.
She is a teacher.   그녀는 선생님이다.

★ 인칭대명사+be동사+명사   ~는 …이다

인칭대명사와 be동사 다음에 명사가 결합하면 '~는 …이다'라는 문장이 만들어집니다. 이때 명사의 앞에는 부정관사인 a를 붙여야 합니다. '~는 …니?'라고 묻고 싶다면 간단히 be동사와 인칭대명사의 순서만 바꾸어 주면 됩니다.

예 He is **a nurse.**   그는 간호사야.
Is he a nurse?   저 남자 간호사야?
She is **an actress.**   그녀는 배우야.
Is she an actress?   저 여자 배우야?

 부정관사 a / an

영어에서는 명사 앞에 '관사'라는 품사를 사용합니다. a tourist(관광객 한 명)처럼 불특정하고 일반적인 대상 하나를 가리킬 때에는 '부정관사'인 a를 명사의 바로 앞에 붙입니다. 단, 모음(a, e, i, o, u)으로 시작하는 단어 앞에 부정관사를 쓸 때는 발음의 편이를 위해 a 대신 an을 사용합니다.

 단어

tourist 관광객
student 학생
teacher 선생님
nurse 간호사
actress 여자 배우

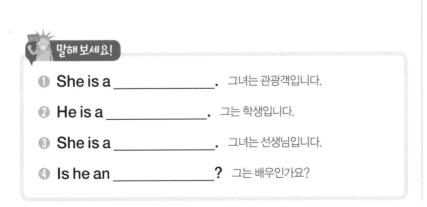 말해 보세요!

❶ She is a _____.   그녀는 관광객입니다.
❷ He is a _____.   그는 학생입니다.
❸ She is a _____.   그녀는 선생님입니다.
❹ Is he an _____?   그는 배우인가요?

 정답

① tourist ② student
③ teacher ④ actor

8MP3 03-07 들어 보기   MP3 03-08 회화 훈련

4

위　아　코리언
We are Korean.
우리들은 한국인입니다.

★ We are ~   우리는 ~이다

we와 they는 각각 '우리'와 '그들'을 의미하는 인칭대명사입니다. 둘 다 be동사인 are과 결합하여 '우리/그들은 ~이다'라는 문장을 만들 수 있습니다.

예) We are **American.**   우리는 미국인입니다.
They are **Canadian.**   그들은 캐나다인입니다.
They are **Chinese.**   그들은 중국인입니다.

★ 인칭대명사와 be동사

be동사는 각각의 인칭대명사에 맞는 형태로 사용해야 합니다.

		인칭대명사	be동사
단수	1인칭	I 나	am
	2인칭	you 너	are
	3인칭	he/she/it 그/그녀/그것	is
복수	1인칭	we 우리	are
	2인칭	you 너희들	
	3인칭	they 그들	

 말해 보세요!

❶ We are _____.   우리는 한국인입니다.

❷ We are not _____.   우리는 중국인이 아닙니다.

❸ They are _____.   그들은 미국인입니다.

❹ They are not _____.   그들은 캐나다인이 아닙니다.

 고유명사

English(영어), Korean(한국어), Britney(브리트니) 등 언어의 이름이나 국적, 사람의 이름은 언제나 첫 글자를 대문자로 씁니다. 이러한 단어들을 고유명사라고 합니다.

단어

Korean 한국인의
American 미국인의
Canadian 캐나다인의
Chinese 중국인의

 정답

① Korean
② Chinese
③ American
④ Canadian

Day 03 I am happy. **43**

도전! 실전 회화

🎧 MP3 03-09 들어 보기　🎙 MP3 03-10 회화 훈련

하이　지나　웨얼　아　유　프롬
Hi, Jina. Where are you from?

아임　프롬　코리아　아임　코리언
I'm from Korea. I'm Korean.

웨얼　아　유　프롬
Where are you from?

더　유나이티드　스테이츠　아임　어메리칸
The United States. I'm American.

디스　이즈　신시아　쉬　이즈　캐네디언
This is Cynthia. She is Canadian.

하이　나이스　투　미츄　신시아
Hi. Nice to meet you, Cynthia.

나이스　투　미츄　투
Nice to meet you, too.

라이언	안녕, 지나. 넌 어느 나라에서 왔니?
지나	난 한국에서 왔어. 한국 사람이야. 넌 어느 나라에서 왔니?
라이언	미국. 나는 미국 사람이야.
지나	이쪽은 신시아야. 그녀는 캐나다인이야.
라이언	안녕. 만나서 반가워, 신시아.
신시아	나도 만나서 반가워.

❶ Where are you from?
'어디'라는 뜻의 where와 '~로부터'라는 뜻의 전치사 from을 써서 Where are you from?(너는 어디에서 왔니?) 하고 상대방의 출신지를 물어볼 수 있습니다.

❷ I'm from ~
대답할 때에는 질문에서 쓰였던 전치사 from을 사용하여 I'm from Korea(나는 한국에서 왔어)라고 답하면 됩니다.

❸ Nice to meet you.
Nice to meet you는 '너를 만나서 반가워'라는 의미입니다.

❹ too
문장의 맨 뒤에 too를 붙이면 '~도'라는 뜻으로 동의, 동감을 나타냅니다.

I am excited.
나는 신이 나.

You are busy.
너는 바빠.

He is a farmer.
그는 농부야.

She is a pilot.
그녀는 조종사야.

They are kind.
그들은 친절해.

We are Japanese.
우리는 일본인이야.

1 밑줄 친 부분에 들어갈 말을 적고, 소리 내어 말해 보세요.

1 I _____ sad. 나는 슬퍼.

2 You _____ happy. 너는 행복해.

3 He _____ hungry. 그는 배가 고파.

4 They _____ thirsty. 그들은 목이 말라.

2 다음 문장의 뜻에 맞도록 빈칸에 들어갈 말을 고르세요.

1 You are _____. 너는 키가 커.

　① tall　　　② young　　　③ angry　　　④ happy

2 He is _____. 그는 배가 고파.

　① old　　　② hungry　　　③ young　　　④ angry

3 We are _____ happy. 우리는 정말 기뻐.

　① sad　　　② pretty　　　③ very　　　④ happy

3 다음 중 **틀린** 문장을 고르세요.

　① She is cold.　　　② I is happy.

　③ We are hungry.　　　④ They are sick.

Day 04

I take
the subway.
난 지하철을 타.

월   일

MP3와 강의를 들어 보세요

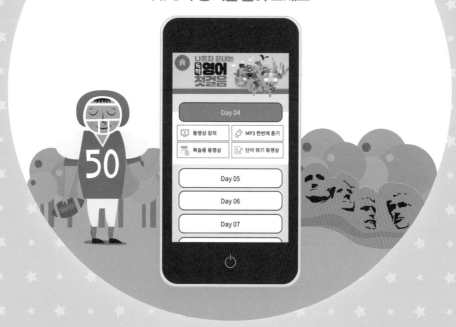

공부 순서

동영상 강의 ▸ 본책 ▸ 복습용 동영상

단어장 ▸ 단어 암기 동영상

핵심 문장 익히기

1

아이　라익　　　커피
I like coffee.
나는 커피를 좋아해.

★ **I like ~**　나는 ~을 좋아한다

앞에서 배운 be동사 외의 모든 동사들을 일반동사라고 합니다. 인칭대명사 다음에 '좋아하다'라는 뜻의 like를 쓰면 취향이나 기호를 나타낼 수 있습니다.

예) **I like** tea.　나는 차를 좋아해.
　　I like steak.　나는 스테이크를 좋아해.
　　I like pizza.　나는 피자를 좋아해.
　　I like ice cream.　나는 아이스크림을 좋아해.

★ **Do you like ~?**　너는 ~을 좋아하니?

일반동사가 들어간 문장을 의문문으로 바꾸려면 동사 do(~하다)의 도움이 필요합니다. 예를 들어 '너는 ~을 좋아하니?'라고 묻고 싶을 때에는 문장의 맨 앞에 Do를 쓴 후 you like ~?를 붙여야 합니다. 그렇다고 답하려면 Yes, I do라고 하면 되고 아니라면 No, I do not이라고 하면 됩니다. do not은 보통 don't로 줄여 씁니다.

예) A: **Do you like** coffee?　커피 좋아하세요?
　　B: Yes, I do.　네, 좋아해요. (긍정)
　　　　No, I do not. (No, I don't.)　아니요, 안 좋아해요. (부정)

 단어

like 좋아하다
coffee 커피
tea 차
steak 스테이크
pizza 피자
ice cream 아이스크림

말해 보세요!

❶ I like _____.　나는 커피를 좋아해.

❷ I like _____.　나는 스테이크를 좋아해.

❸ Do you like _____?　너는 피자를 좋아하니?

❹ Do you like _____?　아이스크림 좋아하세요?

 정답

① coffee　② steak
③ pizza　④ ice cream

50

2

유　　플레이　　테니스
You play tennis.
너는 테니스를 친다.

★ You play ~　너는 ~ 운동을 한다

인칭대명사가 일반동사와 결합하면 '~한다'라는 의미의 문장이 됩니다. 동사 play는 '놀다'라는 뜻 외에 '어떤 운동을 하다'라는 뜻도 가지고 있습니다.

📝 You **play** baseball.　너는 야구를 한다.
　　You **play** golf.　너는 골프를 친다.
　　You **play** badminton.　너희들은 배드민턴을 친다.
　　You **play** soccer.　너희들은 축구를 한다.

단어

play 놀다, (운동을) 하다
tennis 테니스
baseball 야구
golf 골프
badminton 배드민턴
soccer 축구

말해 보세요!

❶ You play _____.　너는 축구를 한다.

❷ You play _____.　너는 배드민턴을 친다.

❸ You play _____.　너는 골프를 친다.

❹ You play _____.　너는 테니스를 친다.

정답

① soccer
② badminton
③ golf
④ tennis

🎧 MP3 04-05 들어 보기   🎙 MP3 04-06 회화 훈련

3

히   테익스   더   서브웨이
He takes the subway.
그는 지하철을 타.

★ He/She takes ~   그/그녀는 ~를 탄다

동사 take(가지다, 취하다) 뒤에 교통수단을 쓰면 '타다'라는 의미가 됩니다. 중요한 점은 he/she takes처럼 주어가 3인칭이면서 단수일 때에는 일반동사 끝에 꼭 -s를 붙여야 한다는 것입니다.

📣 She **takes** the bus.   그녀는 버스를 타.
　　He **takes** the car.   그는 차를 타.
　　She **takes** the taxi.   그녀는 택시를 타.
　　He **takes** the train.   그는 기차를 타.

➡ 주어가 3인칭 단수일 때 일반동사의 변화 211쪽

★ 정관사 the

the는 명사 앞에 쓰이는 관사입니다. 앞서 배운 부정관사 a와 an은 정해지지 않은 것을 지칭하는 경우에 쓰이지만, the는 어떤 것 하나를 콕 집어서 '그거'라고 말하고 싶을 때 사용합니다. 또한 위의 예문에서처럼 모두가 알고 있는 교통수단을 말할 때나 방금 말했던 것을 다시 한 번 지칭할 때에도 the를 씁니다.

📣 It's a car. **The** car is fast.   이것은 자동차야. 이 차는 빨라.
　　The man is handsome.   그 남자는 잘생겼어.

🔊 **단어**

take 타다
subway 지하철
bus 버스
car 차
taxi 택시
train 기차

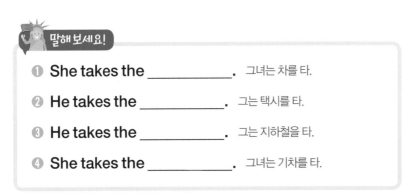

🗽 **말해 보세요!**

① She takes the _____.   그녀는 차를 타.

② He takes the _____.   그는 택시를 타.

③ He takes the _____.   그는 지하철을 타.

④ She takes the _____.   그녀는 기차를 타.

🗽 **정답**

① car ② taxi
③ subway ④ train

52

4

데어　　씽
They sing.
그들은 노래한다.

★ They/We＋일반동사　그들은/우리는 ~한다

복수 인칭대명사인 they/we가 주어로 사용될 때에는 뒤에 오는 동사에 -s를 붙이지 않습니다.

예) They **dance**.　그들은 춤춘다.
They **fight**.　그들은 싸운다.
We **run**.　우리는 달린다.
We **laugh**.　우리는 웃는다.

★ They/We＋don't＋일반동사　그들은/우리는 ~하지 않는다

일반동사가 들어간 문장의 의문문을 만들 때 do의 도움이 필요하다는 것 기억나시죠? 부정문을 만들 때에도 마찬가지입니다. 아래 예문과 같이 일반동사의 앞에 don't(＝do not)를 붙이면 '~하지 않는다'라는 부정문이 됩니다. 주어가 I, you일 때에도 마찬가지입니다.

예) They **don't** dance.　그들은 춤추지 않는다.
We **don't** fight.　우리는 싸우지 않는다.
I **don't** run.　나는 달리지 않는다.
You **don't** laugh.　너는 웃지 않는다.

 단어

sing 노래하다
dance 춤추다
fight 싸우다
run 달리다
laugh 웃다

말해 보세요!

① They ＿＿＿＿＿＿.　그들은 웃는다.

② We ＿＿＿＿＿＿.　우리는 달린다.

③ They don't ＿＿＿＿＿＿.　그들은 싸우지 않는다.

④ I don't ＿＿＿＿＿＿.　나는 노래하지 않는다.

 정답

① laugh　② run
③ fight　④ sing

도전! 실전 회화

🎧 MP3 04-09 들어 보기   🎤 MP3 04-10 회화 훈련

Jina

두 유 라익 사커 오얼 베이스볼
Do you like soccer or baseball?

Ryan

아이 라익 사커 앤 베이스볼
I like soccer and baseball.

왓 어바웃 유
What about you?

Jina

아이 라익 사커
I like soccer.

두 유 플레이 사커
Do you play soccer?

Ryan

예스 아이 두
Yes, I do.

54

지나	너는 축구를 좋아해, 야구를 좋아해?
라이언	나는 축구도 좋아하고 야구도 좋아해. 너는 어때?
지나	난 축구가 좋아. 너 축구 하니?
라이언	응, 하지.

❶ Do you like soccer or baseball?
'A 또는 B'라는 의미의 or를 써서 '너는 둘 중에 어떤 것을 좋아해?'라고 물어볼 수 있습니다.

❷ I like soccer and baseball.
and(그리고)를 두 단어 사이에 놓아서 I like A and B라고 하면 '나는 A와 B를 좋아해'라는 의미가 됩니다.

❸ What about you?
what은 '무엇'이라는 뜻이지만, 대화에서와 같이 자신의 의견을 말한 다음 What about you? 라고 하면 '너는 어때?' 하고 상대방의 의견을 묻는 표현이 됩니다.

MP3 04-11

I like milk.
나는 우유를 좋아해.

You play basketball.
너는 농구를 해.

She takes the plane.
그녀는 비행기를 타.

They smile.
그들은 미소 지어.

We don't shout.
우리는 소리 지르지 않아.

They don't jump.
그들은 뛰지(점프하지) 않아.

1 다음 문장의 뜻에 맞도록 빈칸에 들어갈 말을 고르세요.

1 She _____ the bus. 그녀는 버스를 탄다.

① runs   ② like   ③ play   ④ takes

2 You _____ tennis. 너는 테니스를 친다.

① takes   ② play   ③ plays   ④ likes

3 They _____. 그들은 춤을 춘다.

① sing   ② laugh   ③ fight   ④ dance

2 다음 중 문법적으로 맞는 문장을 고르세요.

① I takes the car not.

② We plays soccer.

③ Do you like steak?

④ They not do buy a car.

3 다음 중 **틀린** 문장을 고르세요.

① We don't take the taxi.   ② They fight.
③ You like ice cream.   ④ Do you like coffee.

정답
1 1.④ 2.② 3.④
2 ③
3 ④

Day 05

She goes to school.

그녀는 학교에 가.

월   일

HOLLYWOOD

WELCOME
LAS VEGAS

MP3와 강의를 들어 보세요

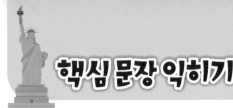

🎧 MP3 05-01 들어 보기   🎤 MP3 05-02 회화 훈련

1

쉬   고우즈   투   스쿨
She goes to school.
그녀는 학교에 가.

★ She goes to ~   그녀는 ~에 간다

3인칭 단수형 인칭대명사인 he와 she 뒤에 일반동사가 올 때 -s를 붙인다는 것을 배웠는데요, go(가다)처럼 o로 끝나는 동사들은 -s가 아닌 -es를 붙입니다. go to 뒤에 장소를 나타내는 명사를 쓰면 '~로 가다'라는 뜻이 됩니다.

예 She **goes** to the store.   그녀는 가게에 간다.
　　She **goes** to the library.   그녀는 도서관에 간다.

➔ 주어가 3인칭 단수일 때 일반동사의 변화 211쪽

★ She does not go to ~   그녀는 ~에 가지 않는다

일반동사가 들어가는 문장의 부정문을 만들 때에는 동사 앞에 do not을 붙인다고 배웠는데요. do 역시 o로 끝나는 단어이므로, 주어가 3인칭 단수일 때에는 dos가 아닌 does가 됩니다. 또한 -es를 이미 한 번 붙였기 때문에 뒤에 나오는 go에는 -es를 붙이지 않습니다.

예 He **doesn't** <u>go</u> to the gym.   그는 헬스클럽에 가지 않는다.
　　He **doesn't** <u>goes</u> to the gym. (X)

🚕 왕초보 탈출 팁

전치사 to는 '~에', '~로'라는 뜻입니다. from(~부터)과 함께 쓰여 '~까지'라는 뜻으로도 쓰일 수 있습니다.

예 **from** 9 a.m. **to** 6 p.m.
오전 9시부터 저녁 6시까지

🚕 doesn't

doesn't[더즌트]는 does not의 축약형입니다.

예 She **doesn't** go to the bakery.
그녀는 빵집에 가지 않는다.

🏢 단어

go 가다
school 학교
store 가게
library 도서관
gym 헬스클럽, 체육관
bakery 빵집

🗽 말해 보세요!

❶ **He goes to the _____.**
그는 빵집에 간다.

❷ **She doesn't go to the _____.**
그녀는 가게에 가지 않는다.

정답
① bakery ② store

2

쉬　　키 서 스　　더　　베 이 비
She kisses the baby.
그녀는 아기에게 뽀뽀를 해.

★ **She kisses ~**　그녀는 ～에게 뽀뽀한다

'뽀뽀하다'라는 뜻의 kiss와 같이 -ss로 끝나는 동사도 go와 마찬가지로 주어가 3인칭 단수일 때 뒤에 -s를 붙이지 않고 -es를 붙입니다.

📝 He **crosses** the street.　그는 길을 건넌다.
　　She **misses** Tom.　그녀는 톰을 그리워한다.

★ **Does he ~?**　그는 ～하니?

일반동사가 들어가는 문장의 의문문은 문장의 맨 앞에 do를 놓았던 것 기억하시죠? 하지만 주어가 3인칭 단수라면 do가 does로 바뀝니다. Does he ~? 또는 Does she ~?로 시작하는 문장은 '그/그녀는 ～하니?'라는 의문문이 됩니다. 이때도 마찬가지로 주어 뒤에 오는 일반동사에는 -s나 -es를 더 붙이지 않습니다.

📝 **Does** he <u>cross</u> the street?　그는 길을 건너니?
　　Does she <u>miss</u> Tom?　그녀는 톰을 그리워하니?

 단어

kiss 뽀뽀하다
baby 아기
cross 건너다
street 길, 거리
miss 그리워하다

🗽 **말해 보세요!**

❶ She _____ Tom.　그녀는 톰을 그리워 해.

❷ She _____ the street.　그녀는 길을 건넌다.

❸ He _____ the baby.　그는 아기에게 뽀뽀를 한다.

❹ Does he _____ the street?　그는 길을 건너니?

 정답

① misses ② crosses
③ kisses ④ cross

3

히　　워치스　　티비
He watches TV.
그는 텔레비전을 봐.

★ **He watches ~**　그는 ~를 본다

watch(보다), wash(씻다)처럼 ch 또는 sh로 끝나는 동사도 주어가 3인칭 단수일 때 -s를 붙이지 않고 -es를 붙입니다.

예 He **washes** the car.　그는 세차를 한다.
　 She **finishes** her homework.　그녀는 숙제를 끝낸다.
　 He **touches** the picture.　그는 그림을 만진다.
　 She **teaches** English.　그녀는 영어를 가르친다.

★ **ch, sh로 끝나는 동사의 변화**

 단어

	동사원형	주어가 3인칭 단수일 때
ch로 끝나는 동사	catch 잡다	catches
	scratch 긁다	scratches
	search 찾다	searches
sh로 끝나는 동사	wish 소원을 빌다	wishes
	push 밀다	pushes
	rush 서두르다	rushes

watch 보다
TV 텔레비전
wash 씻다
car 자동차
finish 끝내다
homework 숙제
touch 만지다
picture 사진, 그림
teach 가르치다
English 영어
math 수학
door 문

말해 보세요!

❶ He doesn't _____ math.　그는 수학을 가르치지 않아.

❷ She _____ the picture.　그녀는 그림을 만져.

❸ Does she _____ TV?　그녀는 TV를 보니?

❹ Does he _____ the door?　그가 문을 미니?

 정답

① teach　② touches
③ watch　④ push

④
She studies Japanese.
쉬 스터디스 저패니즈
그녀는 일본어를 공부해.

⭐ She studies ~   그녀는 ~을 공부해

study(공부하다)처럼 '자음+y'로 끝나는 동사는 주어가 3인칭 단수일 때 마지막 y를 지우고 -ies를 붙입니다.

예 She **carries** a bag.   그녀는 가방을 든다.
    He **flies** a kite.   그는 연을 날린다.

➡ 주어가 3인칭 단수일 때 일반동사의 변화 211쪽

⭐ y로 끝나지만 -ies를 붙이지 않는 경우

play(놀다)처럼 '모음+y'로 끝나는 동사는 끝에 -s만 붙이면 되니 주의하세요.

play 놀다	**enjoy** 즐기다	**buy** 사다
stay 머물다	**pay** 지불하다	**say** 말하다
pray 기도하다	**delay** 지연시키다	**lay** 놓다

예 She **enjoys** music.   그녀는 음악을 즐긴다.
    He **buys** a car.   그는 자동차를 산다.

영어의 자음과 모음

영어에서 모음은 5개(a, e, i, o, u)입니다. 자음은 모음을 제외한 나머지 21개의 알파벳입니다.

단어

study 공부하다
Japanese 일본어
carry 들다, 나르다
bag 가방
fly 날리다, 날다
kite 연
music 음악

말해 보세요!

❶ She _____ English.   그녀는 영어를 공부해.

❷ He _____ a kite.   그는 연을 날린다.

❸ She _____ a car.   그녀는 자동차를 산다.

❹ He _____ music.   그는 음악을 즐긴다.

정답

① studies ② flies
③ buys ④ enjoys

🎧 MP3 05-09 들어 보기   🎙 MP3 05-10 회화 훈련

 Ryan
이즈   쉬   안젤라
Is she Angela?

 Jina
노   쉬즈 마이 시스터   다나
No, she's my sister, Dana.

쉬   고우즈 투 아워   스쿨
She goes to our school.

 Ryan
더즈   쉬   스터디   잉글리쉬
Does she study English?

 Jina
노   쉬   스터디스   저패니즈
No, she studies Japanese.

 Ryan
더즈   쉬   스피크   저패니즈
Does she speak Japanese?

 Jina
예스   쉬   더즈
Yes, she does.

64

라이언	저 사람이 안젤라야?
지나	아니, 내 여동생 다나야. 그녀는 우리 학교에 다녀.
라이언	영어를 공부해?
지나	아니, 일본어를 공부해.
라이언	일본어로 말할 줄 알아?
지나	응, 할 줄 알아.

❶ Is she ~?

'그녀는 ~이다'라고 말할 때에는 She is ~로 시작하는 평서문을 씁니다. 반대로 '그녀는 ~이니?' 하고 물어보고 싶을 때에는 Is she ~? 의문문을 사용합니다.

예 Is she a teacher?   그녀는 선생님이니?

❷ Yes./No.

yes와 no는 각각 '예', '아니요'를 뜻합니다. 질문에 대답하는 표현으로, 긍정일 때는 yes, 부정일 때는 no라고 말하면 됩니다.

🎧 MP3 05-11

She goes to the museum.
그녀는 박물관에 간다.

Jenny misses Kevin.
제니는 케빈을 그리워한다.

He catches the ball.
그는 공을 잡는다.

Monica studies every day.
모니카는 매일 공부한다.

She teaches Japanese.
그녀는 일본어를 가르친다.

He finishes the story.
그는 이야기를 끝낸다.

1 다음 문장의 뜻에 맞도록 빈칸에 들어갈 말을 고르세요.

1 She goes to the _____. 그녀는 도서관에 간다.

① gym ② library ③ school ④ bakery

2 _____ she miss Tom? 그녀는 톰을 그리워하니?

① Does ② Do ③ Don't ④ Doesn't

3 He _____ Japanese. 그는 일본어를 공부해.

① study ② studyes ③ studys ④ studies

2 괄호 안에서 적합한 단어를 고르세요.

1 She (plaies / plays) golf. 그녀는 골프를 친다.

2 He doesn't (cross / crosses) the street. 그는 길을 건너지 않는다.

3 She (carrys / carries) a bag. 그녀는 가방을 가지고 다닌다.

4 Does she (enjoy / enjoys) music? 그녀는 음악을 즐기니?

3 다음 중 틀린 문장을 고르세요.

① She kisses the baby. ② He watches TV.

③ They crosses the street. ④ She doesn't miss Tom.

3 ③
2 1. plays 2. cross 3. carries 4. enjoy
1 1. ② 2. ① 3. ④   정답

Day 06

I was sick.

나 아팠어.

_____월 _____일

MP3와 강의를 들어 보세요

공부 순서

동영상 강의	본책	복습용 동영상

단어장	단어 암기 동영상

핵심 문장 익히기

🎧 MP3 06-01 들어 보기   🎤 MP3 06-02 회화 훈련

1

I was sick.
나 아팠어.

⭐ **I was ~**   나는 ~였다

1인칭 대명사인 I에 따라오는 be동사 am의 과거형은 was입니다. 과거형이란 이미 끝난 상황에 대한 설명으로, 예전에 있었던 일을 뜻하는 시제입니다.

현재형   I <u>am</u> happy.   나는 행복해.
과거형   I <u>was</u> happy.   나는 행복했어.

예 **I was** tired.   나는 피곤했어.
I was sleepy.   나는 졸렸어.
I was cold.   나는 추웠어.

⭐ **I have a+통증**   나는 ~가 아프다

'아프다'라고 말할 때 have(가지다) 동사를 사용하면 간단하게 표현할 수 있습니다.

예 **I have** a headache.   나 머리 아파.
I have a stomachache.   나 배 아파.
I have a fever.   나는 열이 나.

 단어

sick 아픈
happy 행복한
tired 피곤한
sleepy 졸린
cold 추운
have 가지다, 가지고 있다
headache 두통
stomachache 복통
fever 열

 말해 보세요!

❶ I was _____.   나는 피곤했어.

❷ I was _____.   나는 졸렸어.

❸ I have a _____.   나는 열이 나.

❹ I have a _____.   나 머리 아파.

 정답

① tired ② sleepy
③ fever ④ headache

2

You were strong.
너는 힘이 셌어.

⭐ **You were ~** 너/너희는 ~였다

2인칭 대명사인 you와 함께 쓰이는 be동사 are의 과거형은 were입니다.

현재형 **You are** ➡ 과거형 **You were**

예 **You were** brave. 너는 용감했어.
You were short. 너희는 키가 작았어.
You were weak. 너는 약했어.

⭐ **You weren't ~** 너/너희는 ~가 아니었다

과거형 문장을 부정형으로 만들 때에도 was나 were 바로 뒤에 not을 붙여 주면 됩니다. 보통은 축약하여 wasn't(= was not) 또는 weren't(= were not)라고 씁니다.

과거 긍정 **I was** ➡ 과거 부정 **I wasn't**
과거 긍정 **You were** ➡ 과거 부정 **You weren't**

예 **I wasn't** thin. 나는 날씬하지 않았어.
You weren't fat. 너는 뚱뚱하지 않았어.

단어

strong 힘이 센, 강한
brave 용감한
short 키가 작은, 짧은
weak 약한
thin 날씬한, 마른
fat 뚱뚱한

🗽 **말해 보세요!**

❶ **You were** _____. 너는 힘이 셌어.

❷ **You were** _____. 너는 날씬했어.

❸ **You weren't** _____. 너는 키가 작지 않았어.

❹ **You weren't** _____. 너희는 용감하지 않았어.

정답

① strong ② thin
③ short ④ brave

🎧 MP3 06-05 들어 보기 🎤 MP3 06-06 회화 훈련

3

She was a doctor.
그녀는 의사였어.

⭐ **She was ~** 그녀는 ~였다

3인칭 대명사 he/she 뒤에 오는 be동사 is의 과거형도 was입니다.

현재형 He/She is ➡ 과거형 He/She was

예 **She was** a farmer. 그녀는 농부였어.
She was a writer. 그녀는 작가였어.
He was a baker. 그는 제빵사였어.
He was a driver. 그는 운전사였어.

⭐ **Was she ~?** 그녀는 ~였어?

be동사 과거형 문장을 의문문으로 만들 때에도 주어와 동사의 순서만 바꾸면 됩니다.

예 She was a doctor. 그녀는 의사였어.
→ **Was she** a doctor? 그녀가 의사였어?

 왕초보 탈출 팁

동사 뒤에 -er을 붙이면 '~하는 사람'이라는 뜻이 됩니다. 예를 들어 sing(노래하다) 뒤에 -er를 붙이면 singer, 즉 '가수'라는 명사가 됩니다. 단 dance와 같이 e로 끝나는 단어에는 중복을 피하기 위해서 -er이 아니라 -r을 붙여 줍니다.

perform 공연하다	performer 연기자, 연주자
skate 스케이트 타다	skater 스케이트 선수
vote 투표하다	voter 투표자, 유권자

 단어

doctor 의사
farmer 농부
writer 작가
baker 제빵사
driver 운전사
singer 가수
dancer 댄서, 무용수

🗽 **말해 보세요!**

❶ She was a _____. 그녀는 의사였어.

❷ He was a _____. 그는 농부였어.

❸ Was she a _____? 그녀는 댄서였어?

❹ Was he a _____? 그가 가수였어?

정답

① doctor ② farmer
③ dancer ④ singer

🎧 **MP3** 06-07 들어 보기   🎤 **MP3** 06-08 회화 훈련

4

Were they busy?
그들은 바빴어?

⭐ **We/They were ~**   우리는/그들은 ~였다

주어가 복수 대명사인 we/they일 경우에도 be동사 과거형은 were를 씁니다.

현재형 We/They are ➡ 과거형 We/They were

예 **We were** bored.   우리는 지루했어.
They were nervous.   그들은 긴장했었어.

⭐ **were 동사로 질문하고 답하기**

질문이 be동사 과거형 문장일 경우 대답할 때에도 과거형을 써야 합니다.

예 A: **Were they** lazy?   그들은 게을렀어?
B: Yes, **they were**.   맞아. (긍정 대답)
No, **they weren't**.   아니. (부정 대답)

🚗 **왕초보 탈출 팁**

만약 여러분이 어떤 질문을 받았는데 잘 모르겠다면 어떻게 답하면 좋을까요? 다음과 같이 답할 수 있습니다. 매우 자주 쓰는 표현이니 꼭 외워 두세요.

예 I don't know.
나도 몰라.
I am not sure.
확실히 모르겠어.

🍟 **단어**

busy 바쁜
bored 지루해 하는
nervous 긴장한, 초조한
lazy 게으른
know 알다
not sure 불확실한

 말해 보세요!

❶ **We were** _____.   우리는 긴장했었어.

❷ **They were** _____.   그들은 지루했어.

❸ **I don't** _____.   나도 몰라.

❹ **I am not** _____.   확실히 모르겠어.

🏆 **정답**

① nervous ② bored
③ know ④ sure

🎧 MP3 06-09 들어 보기　🎤 MP3 06-10 회화 훈련

 Jina What's wrong?

 Ryan I have a stomachache.

 Jina You look pale.

 Ryan I have a fever, too.

 Jina Are you okay?

 Ryan I feel sick.

단어

what 무엇	**wrong** 잘못된	**have** 가지다, 가지고 있다
stomachache 복통	**look** ~하게 보이다	**pale** 창백한
fever 열	**okay** 괜찮은	**feel** ~하게 느끼다
sick 아픈		

지나	무슨 일이야?
라이언	나 배가 아파.
지나	너 창백해 보여.
라이언	열도 있어.
지나	괜찮은 거야?
라이언	아픈 거 같아.

❶ What's wrong?

what(무엇)과 wrong(잘못된)을 써서 What's wrong?이라고 말하면 '뭐가 잘못됐니?', 즉 '무슨 일이야?'라고 묻는 표현이 됩니다. 상대방이 어딘가 안 좋아 보일 때 쓸 수 있는 표현입니다.

❷ You look pale.

look은 '보다'라는 뜻 외에 '~하게 보이다'라는 뜻도 가지고 있습니다. You look 뒤에 형용사를 쓰면 '너 ~하게 보여'라는 문장이 되지요. 예를 들어 You look good이라고 하면 '너 좋아 보인다'라는 의미가 됩니다.

❸ I feel sick.

feel(느끼다) 뒤에 형용사를 붙이면 '~하게 느끼다'라는 뜻이 됩니다. 예를 들어 I feel good이라고 하면 '나는 기분이 좋아'라는 뜻이 됩니다.

MP3 06-11

I was dizzy.
난 어지러웠어.

I was confused.
난 혼란스러웠어.

You were calm.
넌 침착했어.

You were perfect.
넌 완벽했어.

We were jealous.
우리는 질투가 났어.

She was a painter.
그녀는 화가였어.

회화표현
복습카드

실력확인 연습문제

1 다음 문장의 뜻에 맞도록 빈칸에 들어갈 말을 고르세요.

1 I was _____. 나는 바빴어.

　①lazy　　　　②nervous　　③busy　　　④cold

2 He was _____. 그는 긴장했었어.

　①tired　　　②sleepy　　③sick　　　④nervous

3 They were not _____. 그들은 용감하지 않았어.

　①strong　　②brave　　③short　　④weak

2 괄호 안에서 적합한 단어를 고르세요.

1 You (wasn't / weren't) sick. 너는 아프지 않았어.

2 I (wasn't / weren't) nervous. 나는 긴장하지 않았었어.

3 She (wasn't / weren't) a doctor. 그녀는 의사가 아니었어.

4 He (wasn't / weren't) a driver. 그는 운전사가 아니었어.

3 다음 중 틀린 문장을 고르세요.

　①She were thin.　　　②They were sick.

　③We were sleepy.　　④They were cold.

정답

3 ①

2 1. weren't 2. wasn't 3. wasn't 4. wasn't

1 1. ③ 2. ④ 3. ②

Day 06 I was sick. 77

Day 07

I worked
yesterday.

나 어제 일했어.

월   일

HOLLYWOOD

WELCOME
LAS VEGAS

MP3와 강의를 들어 보세요

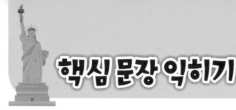

1

🎧 MP3 07-01 들어 보기   🎤 MP3 07-02 회화 훈련

I worked yesterday.
나 어제 일했어.

★ 주어＋일반동사 과거형   ~는 …했다

한국어에서 예전에 있었던 일을 말할 때에는 '팔았다', '먹었다'처럼 동사의 뒤에 '~았다' 또는 '~었다' 등의 어미를 붙이죠? 이와 비슷하게 영어에서는 동사의 뒤에 -ed를 붙여 과거형을 만듭니다.

예 I **visited** Paris last year.   나는 작년에 파리를 방문했어.
   She **arrived** yesterday.   그녀는 어제 도착했어.

★ 꼭 알아야 하는 불규칙 과거형 변화

그러나 사실 영어 동사의 과거형 중에는 위의 규칙을 따르지 않고 과거형의 형태가 아예 다른 것들이 더 많습니다. 다음은 가장 자주 쓰이는 동사의 불규칙 과거형이니 꼭 기억해 두세요.

go → went	가다	예 I **went** to a restaurant. 나는 식당에 갔어.
eat → ate	먹다	예 I **ate** a sandwich. 나는 샌드위치를 먹었어.
drink → drank	마시다	예 She **drank** milk. 그녀는 우유를 마셨어.

➡ 불규칙 동사 변화 222쪽

왕초보 탈출 팁

일반동사가 e로 끝난다면 e가 두 번 겹치지 않게 -ed 대신에 -d 만 붙이세요.

예 You **liked** soccer.
   너는 축구를 좋아했어.
   *You **likeed** soccer.* (X)

drink

drink는 '~을 마시다'라는 뜻이지만 '술을 마시다'라는 뜻으로도 쓰입니다.

예 We **drank** together.
   우리는 함께 술을 마셨어.

단어

work 일하다
yesterday 어제
visit 방문하다
Paris 파리
last year 작년
arrive 도착하다
restaurant 식당
sandwich 샌드위치
milk 우유
together 함께, 같이
London 런던

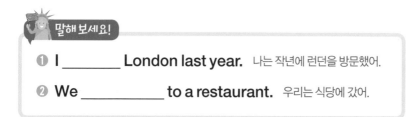

말해 보세요!

❶ I _____ London last year.   나는 작년에 런던을 방문했어.

❷ We _____ to a restaurant.   우리는 식당에 갔어.

정답

① visited ② went

2

🎧 **MP3** 07-03 들어 보기   🎤 **MP3** 07-04 회화 훈련

She studied English.
그녀는 영어 공부를 했어.

★ '자음+y' 동사의 과거형

현재 시제에서 3인칭 단수 인칭대명사(he/she)가 주어일 때 study가 studies로 바뀌었던 것 기억나시죠? 이처럼 '자음+y'로 끝나는 동사는 과거형일 때에도 y를 지우고 -ied를 붙여 줍니다.

예 She **studied** business.   그녀는 경영학을 공부했어.
   I **tried** hard.   나는 열심히 노력했어.

★ '자음+모음+자음' 동사의 과거형

stop(멈추다)이라는 동사는 마지막 세 글자가 't(자음)+o(모음)+p(자음)'으로 이루어져 있습니다. plan(계획하다)도 마찬가지입니다. 마지막이 'l(자음)+a(모음)+n(자음)' 순서로 끝나지요. 이처럼 끝의 세 글자가 '자음+모음+자음'인 단어들은 과거형을 만들 때 마지막 자음을 한 번 더 쓴 다음 -ed를 붙여 줍니다.

예 I **stopped** smoking.   나는 담배를 끊었어.
   We **planned** a party.   우리는 파티를 계획했어.

🚕 왕초보 탈출 팁

play(놀다)의 과거형인 played는 왜 plaied로 쓰지 않을까요? study처럼 '자음(d)+y'로 끝나는 것이 아니라 '모음(a)+y'로 끝나기 때문이랍니다. 헷갈리지 않도록 주의하세요!

🥤 단어

study 공부하다
English 영어
business 경영학
try 노력하다
hard 열심히
stop 멈추다
smoking 흡연
plan 계획하다
party 파티

말해 보세요!

❶ I _____ English.   나는 영어를 공부했어.

❷ She _____ a party.   그녀는 파티를 계획했어.

❸ They _____ hard.   그들은 열심히 노력했어.

❹ We _____ smoking.   우리는 담배를 끊었어.

정답

① studied ② planned
③ tried ④ stopped

핵심 문장 익히기

🎧 MP3 07-05 들어 보기   🎙 MP3 07-06 회화 훈련

3

I sent an e-mail.

내가 이메일 보냈어.

★ 불규칙 과거형 패턴 ❶

과거형일 때 -ed를 붙이지 않는 불규칙 동사에도 몇 가지 유형이 있습니다. 그중 먼저 과거형일 때 마지막 글자가 d에서 t로 바뀌는 것과, 뒷부분이 -ought로 바뀌는 것을 알아보겠습니다.

1. -d → -t

send 보내다 → sent
bend 구부리다 → bent

2. -ought

buy 사다 → bought
think 생각하다 → thought

📧 They **sent** me a letter.   그들은 나에게 편지를 보냈어.
I **bought** a car.   나는 자동차를 샀어.

★ 불규칙 과거형 패턴 ❷

이번에는 -ay가 -aid로, -ell이 -old로 바뀌는 동사들을 살펴봅시다.

1. -ay → -aid

say 말하다 → said
lay 놓다 → laid

2. -ell → -old

sell 팔다 → sold
tell 말하다 → told

📧 He **said** yes.   그는 그렇다고 말했어.
I **sold** the car.   나는 그 차를 팔았어.

 단어

e-mail 이메일
letter 편지
car 자동차

🎧 MP3 07-07 들어 보기　🎤 MP3 07-08 회화 훈련

4

She wrote a letter.
그녀는 편지를 썼어.

★ 불규칙 과거형 패턴 ❸

다음 유형은 i 또는 e가 o로 바뀌는 것입니다.

> write 쓰다 → **wrote**
> drive 운전하다 → **drove**
> forget 잊다 → **forgot**

예 He **drove** the car. 　그는 그 차를 운전했다.
　I **forgot** the password. 　나는 비밀번호를 잊어버렸다.

★ 틀리기 쉬운 불규칙 과거형

일반동사 중 cut(자르다)과 read(읽다)는 현재형과 과거형이 똑같아서 혼동하기 쉬우니 주의하세요.

예 We **cut** the cake. 　우리는 케이크를 잘랐다.
　I **read** a book last night. 　나는 어젯밤에 책을 읽었다.

주어가 3인칭 단수이고 현재형으로 쓰이는 경우에는 동사에 -s가 붙으니, -s가 붙어 있으면 과거형이 아니라 현재형으로 이해하면 되겠지요?

예 He **reads** a book. 　그는 책을 읽는다. (현재 시제)
　He **read** a book. 　그는 책을 읽었다. (과거 시제)

 왕초보 탈출 팁

여기서 소개한 불규칙 과거형 외에도 여러 불규칙 동사가 있습니다.

→ 불규칙 동사 변화 222쪽

 왕초보 탈출 팁

read(읽다)는 현재형인지 과거형인지를 발음으로 구별할 수 있습니다.

현재형 read [ri:d]
과거형 read [red]

 단어

password 비밀번호
cake 케이크
book 책
last night 어젯밤
my 나의
finger 손가락

말해 보세요!

❶ I _____ my finger. 　나는 손가락을 베었어.

❷ She _____ a book. 　그녀는 책을 썼다.

 정답

① cut ② wrote

도전! 실전 회화

🎧 **MP3** 07-09 들어 보기 🎤 **MP3** 07-10 회화 훈련

 I had dinner with Michael last night.

 I worked yesterday.

 Were you busy?

 Yes. We were busy all weekend.

 That's terrible.

 It was okay. I worked with Susan.

 Really? Good for you.

단어

have dinner 저녁 먹다	**with** ~와 함께	**last night** 어젯밤
work 일하다	**yesterday** 어제	**busy** 바쁜
all weekend 주말 내내	**terrible** 끔찍한, 지독한	**really** 정말
for ~를 위해		

지나	나 어젯밤에 마이클이랑 저녁 먹었어.
라이언	나는 어제 일했어.
지나	바빴어?
라이언	응. 우린 주말 내내 바빴어.
지나	최악이다.
라이언	괜찮았어. 수잔과 같이 일했거든.
지나	정말? 잘됐네.

❶ have dinner with
저녁을 먹는다고 할 때 eat 대신 have 동사를 써서 관용적으로 have dinner(저녁 먹다)라고 더 많이 씁니다. 누구와 먹었는지까지 나타내려면 '～와 함께'라는 뜻의 with를 뒤에 붙여 주세요.

❷ all weekend
weekend 앞에 '모든'을 의미하는 all을 붙이면 '주말 내내'라는 의미가 됩니다.

❸ Good for you.
좋은 소식이 있을 때 상대방을 축하해 주거나 응원해 주는 의미로 자주 사용되는 표현입니다.

🎧 MP3 07-11

I went to the party.
나는 파티에 갔다.

You drank wine.
넌 와인을 마셨다.

They studied Spanish.
그들은 스페인어를 공부했다.

He bought a car.
그가 차를 샀다.

She forgot the address.
그녀는 주소를 잊어버렸다.

We cut the cake.
우리는 케이크를 잘랐다.

1 괄호 안에서 적합한 단어를 고르세요.

1 We (watched / watchd) TV. 우리는 TV를 봤다.

2 I (stopped / stoped) smoking. 나는 금연했다.

3 She (studyed / studied) German. 그녀는 독일어를 공부했다.

2 다음 문장을 과거형으로 바꿔 보세요.

1 She tries hard.

→ _____. 그녀는 열심히 노력했다.

2 He sends an e-mail.

→ _____. 그는 이메일을 보냈다.

3 I read a book.

→ _____. 나는 책을 읽었다.

3 다음 문장의 뜻에 맞도록 빈칸에 들어갈 말을 고르세요.

1 I _____ a sandwich. 나는 샌드위치를 먹었다.

① eat   ② ate   ③ eated   ④ ated

2 He _____ to the party. 그는 파티에 갔다.

① goed   ② goied   ③ went   ④ wented

정답
1 1. watched 2. stopped 3. studied
2 1. She tried hard. 2. He sent an e-mail. 3. I read a book.
3 1. ② 2. ③

Day 08
What's this?
이건 뭐야?

월 일

MP3와 강의를 들어 보세요

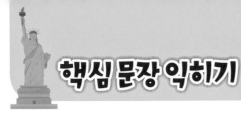

핵심 문장 익히기

1

What's this?
이건 뭐야?

★ This/That is ~ 이것/저것은 ~야

what(무엇)과 this(이것)라는 단어를 활용하여 What is this?(이건 뭐야?)라고 묻는 표현을 만들 수 있습니다. 이때 what과 is는 대부분 what's로 줄여서 씁니다. 이처럼 구체적으로 이름을 대지 않고 '이것', '저것'이라 칭하는 말을 '지시대명사'라고 합니다. this는 나와 가까운 것, that은 멀리 있는 것을 가리키는 말이니 꼭 구분해서 사용하세요.

예 **A:** What's this? 이건 뭐야?
B: **This is** a bag. 이것은 가방이야.

A: What's that? 저건 뭐야?
B: **That is** an eraser. 저건 지우개야.

단어
this 이것
bag 가방
eraser 지우개
desk 책상

말해 보세요!

① _____ **this?** 이건 뭐야?

② _____ **is a desk.** 저건 책상이야.

③ _____ **is an eraser.** 이건 지우개야.

정답
① What's
② That
③ This

90

② These are oranges.

이것들은 오렌지야.

⭐ These are ~　이것들은 ~야

대명사 this의 복수형은 these, that의 복수형은 those입니다. 이처럼 주어로 쓰이는 대명사가 복수형이 되면 뒤에 오는 be동사도 are로 바뀝니다. 이때 명사도 복수형으로 바뀌면서 a/an을 쓰지 않게 되니 주의하세요.

 These are banana**s**.　이것들은 바나나야.
Those are apple**s**.　저것들은 사과야.

⭐ 지시형용사

this/that/these/those는 '이것', '저것'이라는 대명사로 쓸 수도 있지만 this apple(이 사과) 또는 that banana(저 바나나)와 같이 명사를 꾸며 주는 형용사처럼 명사 앞에 쓸 수도 있습니다.

 These grapes are so good.　이 포도 정말 맛있어.
That watermelon is big.　그 수박 크다.

⭐ 복수형의 예외

명사를 복수형으로 만드는 방식은 -s를 붙이는 일반적인 방식 외에도 여러 가지가 있습니다. 예를 들어 '자음+y'로 끝나는 명사의 복수형은 y를 지우고 끝에 -ies를 붙이고, o로 끝나는 명사의 복수형은 -es를 붙입니다.

 cherry 체리 → cherr**ies**　　strawberry 딸기 → strawberr**ies**
potato 감자 → potato**es**　　tomato 토마토 → tomato**es**

자주 쓰이는 명사 중 아래와 같이 복수형의 형태가 아예 다른 것들이 있으니 꼭 외워 두세요.

 child 어린이 → **children**　　person 사람 → **people**
man 남자 → **men**　　　　woman 여자 → **women**

🚕 왕초보 탈출 팁

맛을 표현할 때에는 보통 good(좋은)과 bad(나쁜)를 사용합니다. 맛있을 때는 good, 맛이 없을 때는 bad를 써 보세요.

 This is so **good**.
이거 정말 좋다.
(=이거 정말 맛있다.)

🍱 단어

orange 오렌지
apple 사과
grape 포도
watermelon 수박
big 큰

3

It is a cat.

이건 고양이야.

⭐ it과 they

지시대명사 this와 that 외에 자주 쓰이는 지시대명사로 it이 있습니다. it은 this와 that을 모두 대신할 수 있는 말입니다. 복수형인 these와 those의 경우 they로 대신할 수 있습니다.

 A: What is **this**?　이게 뭐야?
　　B: It is a cat.　고양이야.
　　A: What are **those**?　저것들은 뭐야?
　　B: They are tomatoes.　저건 토마토야.

⭐ 날씨와 시간을 말할 때 쓰는 it

꼭 어떤 물건을 지칭하는 경우가 아닌, 시간과 날씨에 대해 이야기할 때에도 it을 씁니다. 이때에는 it을 '이것'이나 '그것'으로 따로 해석하지 않습니다. it과 is는 보통 줄여서 it's로 많이 씁니다.

 It is sunny.　날씨가 맑아.
　　It is windy.　바람이 부네.
　　It's seven ten.　7시 10분이야.

🗽 말해 보세요!

❶ **It is a _____.**　이건 고양이야.

❷ **_____ are they?**　그것들은 뭐야?

❸ **They are _____.**　그것들은 사과야.

❹ **It is _____.**　날씨가 맑아.

🎧 MP3 08-07 들어 보기　🎙 MP3 08-08 회화 훈련

4

The sun is bright.

햇볕이 쨍쨍해.

⭐ 항상 the를 쓰는 경우

sun처럼 세상에 하나뿐인 것에 대해서는 항상 정관사 the를 씁니다. 아래 예문들을
함께 살펴볼까요?

📢 **The moon** is beautiful.　달이 아름다워.
　The earth is round.　지구는 둥글어.

또한 하루 중 특정한 시간대를 나타내는 말 앞에도 the를 꼭 붙입니다.

📢 I go to work early **in the morning**.　나는 아침 일찍 출근해.
　I drank coffee **in the afternoon**.　나는 오후에 커피를 마셨어.
　He arrived **in the evening**.　그는 저녁에 도착했어.

⭐ 관사를 사용하지 않는 경우

the United States(미국)처럼 극히 예외적인 경우를 제외하고는 국가명, 도시명,
사람의 이름 앞에는 관사를 붙이지 않습니다.

📢 I live in **Seoul**.　나는 서울에 살아.
　She is from **Canada**.　그녀는 캐나다에서 왔어.

 단어

sun 태양
bright 밝은
moon 달
beautiful 아름다운
earth 지구
round 둥근
go to work 출근하다
early 일찍
in the morning 아침에
drink 마시다
coffee 커피
in the afternoon 오후에
arrive 도착하다
in the evening 저녁에
live in ～에 살다
from ～로부터

 말해 보세요!

❶ **The moon is _____.**　달이 아름다워.

❷ **The sun is _____.**　햇볕이 쨍쨍해.

❸ **He went to work early in the _____.**
　그는 아침 일찍 출근했어.

정답

① beautiful
② bright
③ morning

 🎧 **MP3 08-09** 들어 보기   🎤 **MP3 08-10** 회화 훈련

 It's sunny today.

 Yes. The weather is great.

 It was rainy yesterday.
Oh, what is this?

 This book? *"It's a Magical World"*.

 Is that book about magic?

 No, it's about beautiful places in the world.

 It's beautiful.

단어

sunny 맑은
magical 마법 같은
beautiful 아름다운

weather 날씨
world 세상, 세계
place 장소

rainy 비 오는
about ~에 관한

94

지나	오늘 날씨가 맑네.
라이언	그러네. 날씨 좋다.
지나	어제는 비가 왔었는데. 어, 이건 뭐야?
라이언	이 책?〈마법 같은 세상〉.
지나	마법에 대한 책이야?
라이언	아니, 세계의 아름다운 장소들에 대한 거야.
지나	이거 아름답다.

❶ It's sunny today.
오늘 날씨에 대해서 설명하고 싶을 때에는 It's ~
로 시작하는 문장으로 먼저 날씨를 말한 다음 뒤에
today를 붙이면 됩니다.

❷ The weather is great.
It's ~ 대신에 weather(날씨)라는 단어를 활용해
서 날씨를 표현할 수도 있습니다.
예 The **weather** is cold.   날씨가 추워.
   The **weather** is nice.   날씨가 좋아.

❸ It's about ~
'이것은 ~에 대한 거야'라는 뜻으로 영화나 책 등
에 대해 이야기하면서 그것이 무엇에 관한 내용인
지 말하고 싶을 때 쓸 수 있는 표현입니다.

🎧 MP3 08-11

A: What's this?
이건 뭐야?

B: This is a camera.
이건 카메라야.

A: What's this?
이건 뭐야?

B: It's a hat.
그건 모자야.

A: What's that?
저건 뭐야?

B: That's a pineapple.
저건 파인애플이야.

A: What are these?
이것들은 뭐야?

B: These are trees.
이것들은 나무들이야.

A: What are those?
저것들은 뭐야?

B: Those are gifts.
저것들은 선물들이야.

A: What are those?
저것들은 뭐야?

B: They're cookies.
그것들은 과자야.

1 다음 문장의 뜻에 맞도록 빈칸에 들어갈 말을 고르세요.

1 This is an _____. 이것은 지우개야.

① eraser　　　② book　　　③ pencil　　　④ pen

2 That is a _____. 저것은 책상이야.

① book　　　② pencil　　　③ chair　　　④ desk

3 _____ are apples. 저것들은 사과야.

① This　　　② These　　　③ Those　　　④ That

2 다음 질문의 답으로 알맞은 것을 고르세요.

A: **What is this?** 이건 뭐야?

B: _____.

① This is a bag.　　　② No, this isn't.

③ That isn't a book.　　　④ Yes, it is.

3 다음 중 **틀린** 문장을 고르세요.

① This apple is good.　　　② That watermelon is big.

③ These is a pencil.　　　④ Those are oranges.

Day 09

He bought a red car.
그는 빨간 자동차를 샀어.

월   일

HOLLYWOOD

WELCOME LAS VEGAS

MP3와 강의를 들어 보세요

공부 순서

동영상 강의

본책

복습용 동영상

단어장

단어 암기 동영상

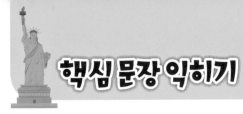

🎧 MP3 09-01 들어 보기　🎤 MP3 09-02 회화 훈련

❶

He bought a red car.
그는 빨간 자동차를 샀어.

★ 형용사+명사

black cat(까만 고양이)이나 old house(오래된 집)에서와 같이 명사 앞에서 꾸며 주는 역할을 하는 단어들을 형용사라 합니다. 문장에 형용사가 쓰이면 표현이 다채롭고 생생해집니다.

📄 You have **brown eyes**.　너는 갈색 눈을 가지고 있네.
I like the **pink dress**.　나는 그 분홍색 드레스가 좋아.
She bought the **blue book**.　그녀는 그 파란 책을 샀어.

★ be동사+형용사

형용사를 꼭 명사 앞에만 둘 수 있는 것은 아닙니다. '주어+be동사+형용사' 순서로 문장을 쓰면 '~은 …하다'라는 문장이 됩니다.

📄 It **is new**.　그건 새 거야.
The house **was** very **quiet**.　그 집은 정말 조용했어.
It **was** so **easy**.　그건 진짜 쉬웠어.
This **is** too **heavy**.　이거 너무 무거워.

 왕초보 탈출 팁

강조할 때는 very나 so를 쓰면 되는데, 그보다 정도가 심해서 '너무 ~하다'라고 말하고자 한다면 형용사 앞에 too를 붙이면 됩니다.

📄 It's **too** easy.
　그건 너무 쉽잖아.

 단어

bought 샀다(buy의 과거형)
red 빨간
house 집
brown 갈색의
eye 눈
pink 분홍색의
blue 파란
new 새로운
quiet 조용한
easy 쉬운
heavy 무거운

말해 보세요!

❶ You have _____ eyes.　너는 푸른 눈을 가지고 있구나.

❷ I need a _____ dress.　나는 새 드레스가 필요해.

❸ The house is very _____.　그 집은 정말 조용해.

❹ This is too _____.　이거 너무 무거워.

 정답

① blue ② new
③ quiet ④ heavy

2

He is a smart man.
그는 똑똑한 남자야.

★ 사람에 대한 형용사: 형용사+명사

아래 예문들을 보면서 사람의 외모나 성격에 대한 형용사를 알아볼까요?

예 She is a **shy** girl.　그녀는 내성적인 소녀야.
　 Mary is a **nice** woman.　메리는 좋은 여자야.
　 He is a **kind** man.　그는 친절한 남자야.
　 They are **cute** babies.　그들은 귀여운 아기들이야.
　 She is a **rich** girl.　그녀는 부유한 소녀야.
　 They are **noisy** people.　그들은 시끄러운 사람들이야.

★ 사람에 대한 형용사: be동사+형용사

위에서 열거한 예문들은 아래와 같이 표현할 수도 있습니다.

예 She is **shy**.　그녀는 내성적이야.
　 Mary is **nice**.　메리는 착해.
　 He is **kind**.　그는 친절해.
　 They are **cute**.　그들은 귀여워.
　 She is **rich**.　그녀는 부유해.
　 They are **noisy**.　그들은 시끄러워.

 왕초보 탈출 팁

'자음+y'로 끝나는 baby의 복수형은 babies로 쓰는 것 잊지 마세요!

단어

smart 똑똑한
man 남자, 사람
shy 내성적인, 수줍은
girl 소녀
nice 좋은, 착한
woman 여자
kind 친절한, 착한
cute 귀여운
baby 아기
rich 부유한
noisy 시끄러운

 말해 보세요!

❶ She's a ＿＿＿＿＿＿ girl.　그녀는 똑똑한 소녀야.

❷ The baby is ＿＿＿＿＿.　그 아기는 귀여워.

❸ He is not very ＿＿＿＿＿.　그는 별로 친절하지 않아.

❹ She is ＿＿＿＿＿.　그녀는 내성적이야.

 정답

① smart　② cute
③ kind　④ shy

3

I need a new computer.
나는 새 컴퓨터가 필요해.

★ 사물에 대한 형용사

이번에는 물건을 설명하는 형용사들을 알아볼까요?

예 You have an **old** camera.　너는 낡은 카메라를 가지고 있구나.
She bought an **expensive** refrigerator.　그녀는 비싼 냉장고를 샀어.
The **new** TV is really **large**.　새 텔레비전은 정말 커.
The air conditioner was **cheap**.　그 에어컨은 가격이 저렴했어.

★ -ing로 끝나는 형용사

형용사 중에는 -ing로 끝나는 것들도 있습니다. 자주 등장하는 형용사들이니 잘 기억해 두세요.

예 The movie is **exciting**.　그 영화는 신나.
That was an **interesting** story.　그건 재미있는 이야기였어.
That girl is **amazing**.　저 여자는 정말 멋져.
It was a **surprising** event.　그건 아주 놀라운 이벤트였어.

 단어

need 필요하다
computer 컴퓨터
camera 카메라
expensive 비싼
refrigerator 냉장고
really 정말
large 큰
air conditioner 에어컨
cheap 저렴한
exciting 신나는, 흥분되는
interesting 재미있는
amazing 멋진, 대단한
surprising 놀라운

 말해 보세요!

❶ I need a _____ camera.　나는 새 카메라가 필요해.

❷ She bought a _____ TV.　그녀는 큰 TV를 샀어.

❸ The story was _____.
그 이야기는 재미있었어.

정답

① new
② large
③ interesting

102

4

He talks slowly.

그는 천천히 말해.

★ 형용사+ly = 부사

형용사를 강조할 때 쓰는 말인 so와 very 같은 단어들을 '부사'라고 합니다. 부사는
이처럼 형용사를 강조할 때도 쓰고, 위의 핵심문장에서처럼 동사를 부가적으로 설명
할 때도 씁니다. 부사를 만드는 방법은 간단해서, 형용사에 -ly만 붙이면 됩니다.

예 He eats **slowly**.   그는 천천히 먹어.
   She walks **carefully**.   그녀는 조심스럽게 걸어.
   They came **quickly**.   그들은 빨리 왔어.

★ 형용사와 부사가 같은 경우

하지만 어떤 단어들은 형용사와 부사의 형태가 똑같으니 헷갈리지 않게 꼭 기억해 두
세요.

예 It's a **fast** car.   이건 빠른 차야. (형용사)
   He drives **fast**.   그는 빨리 운전해. (부사)

 단어

talk 말하다
slowly 천천히
walk 걷다
carefully 조심스럽게
come 오다
quickly 빠르게
fast 빠른, 빠르게
drive 운전하다

말해 보세요!

❶ **He eats** _____.   그는 천천히 먹어.

❷ **They walk** _____.   그들은 조심스럽게 걸어.

❸ **We walked** _____.   우리는 빠르게 걸었어.

 정답

① slowly
② carefully
③ fast

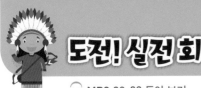

🎧 MP3 09-09 들어 보기   🎙 MP3 09-10 회화 훈련

 Ryan What's this?

 Jina It's my new car.
I bought it last week.

 Ryan It's amazing.

 Jina This car is really fast.

 Ryan Please drive carefully.

 Jina Of course.

단어

last week 지난주	**amazing** 멋진	**really** 정말
fast 빠른	**please** 제발, 부디	**drive** 운전하다
carefully 신중하게, 조심스럽게	**Of course** 물론이지	

104

라이언	이게 뭐야?
지나	내 새 차야. 지난주에 샀어.
라이언	멋지다.
지나	이 차는 정말 빨라.
라이언	조심해서 운전해.
지나	물론이지.

❶ It's amazing.
amazing은 '매우 멋진'이라는 뜻으로 물건, 사람에 쓸 수 있는 형용사입니다. 상대방에게 멋지다고 말하고 싶을 때에는 You are amazing!(너 정말 멋지다!)이라고 말해 보세요.

❷ please
please는 부탁할 때 공손하게 표현하기 위하여 자주 쓰는 단어입니다. please 바로 뒤에 동사를 붙이면 '～해 주세요', '～하도록 하세요'라는 표현이 됩니다.

❸ Of course.
두 단어를 함께 써서 '당연하지' 또는 '물론이지'라는 의미가 됩니다.

🎧 MP3 09-11

The store was very dark.

그 가게는 아주 어두웠어.

This box is too big.

이 상자는 너무 커.

He was very polite.

그는 매우 공손했어.

He is a fair teacher.

그분은 공평한 선생님이셔.

It was an expensive house.

그건 비싼 집이었어.

He is a busy person.

그는 바쁜 사람이야.

1 다음 문장의 뜻에 맞도록 빈칸에 들어갈 말을 고르세요.

1 I like the _____ dress. 나는 그 분홍색 드레스가 좋아.

① red   ② pink   ③ blue   ④ brown

2 She is _____. 그녀는 부유해.

① amazing   ② pretty   ③ cute   ④ rich

3 He is a _____ man. 그는 친절한 남자야.

① cute   ② kind   ③ interesting   ④ smart

2 괄호 안에서 적합한 단어를 고르세요.

1 They talk (slow / slowly). 그들은 천천히 말한다.

2 She walks (careful / carefully). 그녀는 조심스럽게 걷는다.

3 He drives (fast / fastly). 그는 빠르게 운전한다.

4 They came (quick / quickly). 그들은 빨리 왔다.

3 다음 중 틀린 문장을 고르세요.

① I need a new camera.   ② It's an old car.

③ We walked fastly.   ④ He bought a red car.

Day 10
It is raining.
비가 오고 있어.

월   일

MP3와 강의를 들어 보세요

 공부 순서

동영상 강의	본책	복습용 동영상

단어장	단어 암기 동영상

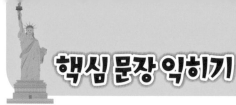

핵심 문장 익히기

① It is raining.
비가 오고 있어.

★ **주어+be동사+일반동사ing** ~하는 중이야/~하고 있어

말을 하고 있는 바로 지금 일어나는 일에 대해 이야기하는 것을 '현재진행형'이라 합니다. 특이한 점은 진행형 문장에서는 be동사와 일반동사가 함께 사용된다는 것입니다. 이때 동사 간의 충돌을 막기 위해 일반동사의 뒤에는 -ing를 붙입니다.

 It **is snowing**. 눈이 오고 있어.
The wind **is blowing**. 바람이 불고 있어.
The moon **is shining** brightly. 달이 밝게 빛나고 있어.

★ **be동사+주어+일반동사ing ~?** ~하는 중이야?/~하고 있어?

현재진행형의 의문문은 평서문에서 be동사만 앞으로 옮기면 됩니다. 부정문을 만들기 위해서는 be동사와 일반동사(ing) 사이에 not을 넣어 주세요.

 A: **Is** it **raining** outside? 밖에 비 와?
B: Yes, it is. 응, 비 와.
A: **Is** it **snowing** now? 지금 눈 와?
B: No, it **is not snowing**. 아니, 눈 안 와.

🚕 왕초보 탈출 팁

shine(빛나다)처럼 e로 끝나는 단어는 마지막 e를 빼고 -ing를 붙여 줍니다.
예 shine → shining
   driv<u>e</u> → driving

🍟 단어

rain 비가 오다
snow 눈이 오다
wind 바람
blow 불다
moon 달
shine 빛나다
brightly 밝게
outside 밖에
now 지금
drive 운전하다

 말해 보세요!

❶ It is _____ now. 지금 비가 오고 있어.

❷ Is it _____ outside? 밖에 눈 오고 있어?

❸ The wind is _____. 바람이 불고 있어.

❹ The moon is _____. 달이 빛나고 있어.

정답

① raining ② snowing
③ blowing ④ shining

2

She's dancing.
그녀는 춤을 추고 있어.

★ 인칭대명사＋be동사＋일반동사ing　～하는 중이야/～하고 있어

이번에는 사람을 주어로 현재진행형 문장들을 만들어 볼까요? 이때 주어와 be동사
는 보통 아포스트로피(')를 사용하여 줄여 씁니다.

🗨 I'm **reading** a book.　나는 책을 읽고 있어.
We're **having** dinner together.　우리는 함께 저녁을 먹고 있어.
She's **taking** a picture.　그녀는 사진을 찍고 있어.

★ What are you doing now?　너 지금 뭐 하고 있어?

현재진행형을 활용해서 What are you doing now?라고 질문하면 '너 지금 뭐
하고 있어?'라는 뜻이 됩니다. 이에 대한 답변 역시 현재진행형으로 해 주면 됩니다.

🗨 A: **What are you doing now?**　너 지금 뭐 하고 있어?
B: I'm having lunch.　점심 먹고 있어.

A: **What is she doing?**　그녀는 뭐 하고 있어?
B: She's sleeping.　자고 있어.

🚕 **왕초보 탈출 팁**

dance, have, take는 모두 e
로 끝나는 동사이므로 e를 빼고
-ing를 붙입니다.
🗨 dance → dancing
　have → having
　take → taking

🧱 **단어**

dance 춤추다
dinner 저녁 식사
take a picture 사진을 찍다
do 하다
lunch 점심 식사
sleep 자다
drink 술을 마시다

🗽 **말해 보세요!**

❶ **What are they _____?**　그들은 뭐 하고 있어?

❷ **They're _____.**　그들은 춤을 추고 있어.

❸ **She's _____ a picture.**　그녀는 사진을 찍고 있어.

❹ **We're _____.**　우리는 술을 마시고 있어.

 정답

① doing　② dancing
③ taking　④ drinking

🎧 MP3 10-05 들어 보기　🎤 MP3 10-06 회화 훈련

3

I was watching TV.
나는 TV보고 있었어.

★ **주어+be동사의 과거형+일반동사ing** ～하는 중이었어/～하고 있었어

- -

'어제 저녁 8시'나 '내가 전화했을 때' 등 구체적인 과거의 어느 한 시점에 주어가 하고 있었던 일을 나타낼 때에는 '과거진행형'을 씁니다. 즉, 그때 당시에는 하고 있었지만 이제는 끝난 행동에 대한 설명이 되지요. 과거진행형의 모양은 현재진행형과 동일하고, be동사만 과거형인 was 또는 were로 바꾸면 됩니다.

예 I **was studying**.　나는 공부하고 있었어.
　　She **was crying**.　그녀는 울고 있었어.
　　They **were waiting**.　그들은 기다리고 있었어.

★ **What were you doing?**　너/너희 뭐 하고 있었어?

- -

과거진행형은 What were you doing?(너/너희 뭐 하고 있었어?)이라는 질문에 대한 답으로 가장 많이 쓰입니다.

예 A: **What were you doing** yesterday?　너희 어제 뭐 하고 있었어?
　　B: We were drinking.　우리 술 마시고 있었어.

단어

watch 보다
study 공부하다
cry 울다
wait 기다리다
last night 어젯밤에
wait for ～을 기다리다
answer 대답, 답변
at home 집에서, 집에

 말해 보세요!

❶ What were they _____ last night?
그들은 어젯밤에 뭐 하고 있었어?

❷ We were _____ for the answer.
우리는 대답을 기다리고 있었어.

❸ She was _____ at home.
그녀는 집에서 공부하고 있었어.

 정답

① doing
② waiting
③ studying

4

🎧 MP3 10-07 들어 보기　🎤 MP3 10-08 회화 훈련

I was running in the park.
나는 공원에서 달리고 있었어.

★ 진행형의 예외

앞에서 e로 끝나는 동사는 끝의 e를 지우고 -ing를 붙인다는 예외를 배웠는데요, 진행형을 만들 때 또 하나 자주 등장하는 예외가 있습니다. 바로 동사 run처럼 마지막 세 글자가 '자음(r)+모음(u)+자음(n)'으로 끝나는 동사들입니다. 아래 표의 swim처럼 좀 더 긴 단어의 경우에도 동일한 원칙이 적용됩니다. 이러한 단어들은 진행형을 만들 때 바로 -ing를 붙이는 것이 아니라 아래 표와 같이 마지막 자음을 한 번 더 쓴 다음 -ing를 붙입니다.

원형	진행형
run 달리다	running
swim 수영하다	swimming
sit 앉다	sitting

例 He is **running**. 그는 달리고 있어.
She is **sitting** in a chair. 그녀는 의자에 앉아 있어.
I was **swimming** in the pool. 나는 수영장에서 수영하고 있었어.

 단어

park 공원
in ~에, ~ 안에
chair 의자
pool 수영장

 말해 보세요!

❶ **He was** ＿＿＿＿＿＿ **in the park.**
그는 공원에서 달리기하고 있었어.

❷ **We were** ＿＿＿＿＿＿ **in the pool.**
우리는 수영장에서 수영하고 있었어.

❸ **She was** ＿＿＿＿＿＿ **in a chair.**
그녀는 의자에 앉아 있었어.

정답

① running
② swimming
③ sitting

🎧 **MP3** 10-09 들어 보기　🎤 **MP3** 10-10 회화 훈련

 What were you doing last night?

 I was drinking with my friends.

 Did you have fun?

 Yes, I did. Oh, It's raining outside.

 Really? Do you have an umbrella?

 No.

 I have an extra umbrella.

 Thank you so much.

단어

last night 어젯밤에	**with** ~와 함께	**have fun** 즐기다, 재미있게 놀다
rain 비가 오다	**outside** 밖에	**umbrella** 우산
extra 여분의	**so much** 매우, 아주	

114

지나	어젯밤에 뭐 하고 있었어?
라이언	친구들하고 술 마시고 있었어.
지나	재밌었어?
라이언	응, 재밌었어. 아, 밖에 비가 오고 있네.
지나	진짜? 우산 있어?
라이언	아니.
지나	나 한 개 더 있어.
라이언	정말 고마워.

❶ I was drinking with my friends.
drink는 '마시다'라는 뜻이지만, drink milk(우유를 마시다)나 drink water(물을 마시다)처럼 뒤에 다른 명사를 놓지 않고 drink만 쓰는 경우 '술을 마시다'라는 뜻으로 사용됩니다.

❷ Did you have fun?
'재미있었어?' 하고 묻는 표현입니다. have fun은 '즐기다', '재미있게 놀다'라는 뜻입니다.

❸ Do you have an umbrella?
일반동사의 의문문을 만들 때에는 맨 앞에 Do를 붙입니다. Do you have ~?는 '당신은 ~을 가지고 있나요?'라고 물어보는 표현이 됩니다.

❹ I have an extra umbrella.
extra는 '여분의', '남는'이라는 뜻입니다. 여기서는 '나는 우산이 하나 더 있다'라는 의미입니다.

The sun is shining.

해가 빛나고 있어.

They're reading a book.

그들은 책을 읽고 있어.

She's studying music.

그녀는 음악 공부를 하고 있어.

The boy was running in the gym.

그 남자아이는 체육관에서 뛰고 있었어.

He was waiting outside.

그는 밖에서 기다리고 있었어.

She was singing a song.

그녀는 노래를 부르고 있었어.

1 다음 문장의 뜻에 맞도록 빈칸에 들어갈 말을 고르세요.

1 I'm _____. 나는 일하고 있어.

① work　　② worked　　③ works　　④ working

2 He is _____ a picture. 그는 사진을 찍고 있어.

① taking　　② takes　　③ taked　　④ takeing

3 They are _____ home. 그들은 집에 가고 있어.

① goes　　② go　　③ goeing　　④ going

2 괄호 안에서 적합한 단어를 고르세요.

1 I (was / were) working. 나는 일하고 있었어.

2 You (was / were) dancing. 너는 춤추고 있었어.

3 They (was / were) having lunch. 그들은 점심을 먹는 중이었어.

4 She (was / were) going home. 그녀는 집에 가고 있었어.

3 다음 질문의 답으로 알맞은 것을 고르세요.

A: **Is she sleeping now?** 그녀는 지금 자고 있니?

B: _____.

① Yes, she does.　　② No, she doesn't.

③ Yes, she is.　　④ No, she is.

정답
1 1. ④ 2. ① 3. ④
2 1. was 2. were 3. were 4. was
3 ③

Day 11

This is my sister.
이쪽은 내 여동생이야.

월   일

MP3와 강의를 들어 보세요

공부 순서

동영상 강의

본책

복습용 동영상

단어장

단어 암기 동영상

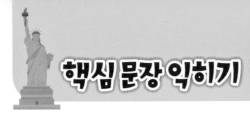

🎧 **MP3 11-01** 들어 보기　🎙 **MP3 11-02** 회화 훈련

1

This is my sister.

이쪽은 내 여동생이야.

★ This is my ~　이 사람은 나의 ~야

this는 '이것'이라는 대명사로 배웠지만, 사물이 아닌 사람을 지칭하여 '이 사람'이라는 뜻으로도 쓸 수 있습니다. 특히 내가 아는 사람을 다른 사람에게 소개할 때는 꼭 This is ~(이 사람은 ~야)로 문장을 시작합니다.

예 **This is** my brother.　이쪽은 우리 형이야.
This is my father.　이분은 우리 아버지셔.
This is my aunt.　이분은 우리 이모야.
This is Melissa.　이쪽은 멜리사야.

★ Who is this?　이 사람은 누구야?

처음 만난 사람이 누구인지 물어볼 때에는 Who is this?라고 말합니다. who와 this를 함께 써서 Who is this? 또는 줄여서 Who's this?라고 하면 '이 사람은 누구야?' 하고 묻는 표현이 됩니다. 예문을 통해 묻고 답하는 방법을 알아봅시다.

예 A: **Who is this?**　이분은 누구시니?
B: This is my uncle.　나의 삼촌이야.
A: **Who is this?**　이분은 누구시니?
B: This is my grandmother.　우리 할머니셔.

 말해 보세요!

❶ **This is _____ sister.**　이 사람은 내 여동생이야.

❷ **This is my _____.**　이분은 우리 삼촌이셔.

❸ **This is my _____.**　이분은 나의 할머니셔.

❹ **_____ is this?**　이분은 누구시니?

 🚕 **왕초보 탈출 팁**

영어에서는 고모, 이모, 외삼촌, 큰아버지 등 촌수를 따로 나누지 않고 여자 친척 어른은 aunt, 남자 친척 어른은 uncle로 지칭합니다.

 단어

my 나의
sister 여자 형제
brother 남자 형제
father 아버지
aunt 이모, 고모, 백모, 숙모
who 누구
uncle 삼촌, 백부, 숙부
grandmother 할머니

정답

① my
② uncle
③ grandmother
④ Who

② Is this your brother?
이 사람이 네 남동생이니?

★ 소유격과 목적격

my(나의), your(너의)처럼 누구의 소유인지를 나타내는 말을 '소유격'이라고 합니다. '~를'이나 '~에게'로 해석되는 것은 '목적격'입니다. 소유격과 목적격은 인칭에 따라 그 모양이 각기 다르니 아래 표와 예문을 보고 외워 둡시다.

	주어	소유격	목적격
1인칭	I 나 we 우리	my 나의 our 우리의	me 나를 us 우리를
2인칭	you 너/너희	your 너의/너희의	you 너를/너희를
3인칭	he 그 she 그녀 it 그것 they 그들	his 그의 her 그녀의 its 그것의 their 그들의	him 그를 her 그녀를 it 그것을 them 그들을

 I visited **my** parents last week.　나는 지난주에 우리 부모님을 찾아뵀어.
He's **my** grandfather.　그분은 나의 할아버지셔.
I love **him**.　나는 그를 사랑해.
They invited **me**.　그들은 나를 초대했어.
➡ 인칭대명사 200쪽

🚕 **왕초보 탈출 팁**

부모님은 두 분이므로 항상 복수 형인 parents로 씁니다.

★ What is your name?　너의 이름은 뭐니?

위에서 배운 소유격을 활용하여 이름을 묻고 답할 수 있습니다.

 A: What is **your** name?　너의 이름은 뭐니?
B: **My** name is Cynthia.　내 이름은 신시아야.

A: What is **his** name?　그의 이름은 뭐니?
B: **His** name is Thomas.　그의 이름은 토마스야.

📦 **단어**

visit 방문하다
parents 부모
last week 지난주
grandfather 할아버지
love 사랑하다
invite 초대하다
name 이름

🎧 MP3 11-05 들어 보기   🎤 MP3 11-06 회화 훈련

③

It is mine.

그건 내 거야.

★ 소유대명사

my book이나 my bag처럼 my 뒤에 명사를 붙이면 '나의 물건'이라는 뜻이 됩니다. 이것을 한 단어로 줄여서 mine(나의 것)이라고 할 수도 있는데요, 이러한 단어들을 '소유대명사'라고 합니다.

 왕초보 탈출 팁

소유대명사는 그 자체로 '누구의 것'이라는 뜻이므로 뒤에 명사를 따로 붙이지 않습니다.

예 my book 나의 책
  = mine 나의 것
  mine book (X)

	주어	소유격	소유대명사
1인칭	I	my	mine 나의 것
	we	our	ours 우리의 것
2인칭	you	your	yours 너/너희의 것
3인칭	he	his	his 그의 것
	she	her	hers 그녀의 것
	they	their	theirs 그들의 것

예 That is my camera. It is **mine**.   저것은 내 카메라야. 그건 내 거야.
  The dress is beautiful. Is it **yours**?   그 드레스 예쁘다. 네 거니?

★ Whose ~ is this?   이건 누구의 ~야?

who의 소유격은 whose이고, '누구의'라는 뜻을 가지고 있습니다. whose를 사용하여 '이건 누구 거니?'라고 물어볼 수 있습니다. whose는 지칭하는 단어가 단수인지 복수인지에 상관없이 모두 동일한 형태로 사용됩니다.

예 **Whose** cell phone **is this**?   이거 누구 휴대폰이야?
  Whose shoes **are these**?   이건 누구 신발이지?

 단어

dress 드레스
whose 누구의
cell phone 휴대폰
shoes 신발
computer 컴퓨터

 말해 보세요!

❶ The car is _____.   그 자동차는 그들의 것이야.

❷ _____ computer is this?   이 컴퓨터는 누구 거야?

 정답

① theirs ② Whose

122

4

That is Mary's bag.
그건 메리의 가방이야.

MP3 11-07 들어 보기   MP3 11-08 회화 훈련

★ '아포스트로피(')+s'로 소유격 나타내기

my, your, his 등 소유격을 써서 누구의 것인지 나타내는 방법 외에도, 단어를 줄일 때 썼던 아포스트로피(')와 -s를 붙여 소유격을 표현할 수 있습니다. 예를 들어 사람 이름 뒤에 's를 붙이면 '그 사람의'라는 표현이 됩니다.

예 **Bill's** car is new. 빌의 차는 새 거야.
This is **my uncle's** house. 이것은 우리 삼촌 집이야.

★ 복수형의 소유격

만일 아포스트로피(')를 붙여야 하는 단어가 s로 끝나는 복수형이라면? 예를 들어 students의 소유격은 students's가 될까요? 아닙니다. 이때는 -s를 겹쳐서 붙이지 않고 students'와 같이 맨 끝에 아포스트로피(')만 찍어 줍니다.

예 It's a **girls'** high school. 여기는 여고입니다.
This is the **teachers'** room. 이곳은 교사실입니다.

★ 복수형의 소유격 예외

'child(아이) → children(아이들)'과 같은 불규칙 복수형의 경우 s로 끝나지 않기 때문에 원칙대로 children's로 소유격을 만들어 줍니다.

예 It's a **children's** book. 이것은 아동용 책입니다.

 말해 보세요!

❶ _____ book is new. 메리의 책은 새 거야.

❷ It's a _____ high school. 여기는 여고입니다.

❸ They are _____ books.
그것들은 아동용 책입니다.

단어

bag 가방
new 새로운
high school 고등학교
room 방

 정답

① Mary's
② girls'
③ children's

🎧 **MP3** 11-09 들어 보기　🎤 **MP3** 11-10 회화 훈련

 Who are the people in the room?

 They're my family.
That's Dana. She's my sister.

 Who's that? Is he your brother?

 No, he's my uncle.
His name is Tom.

 I see.
Your uncle looks really young.

people 사람들	**room** 방	**family** 가족
sister 여동생	**brother** 남동생	**uncle** 삼촌
name 이름	**look** ~하게 보이다	**young** 젊은, 어린

124

라이언	방에 있는 사람들은 누구야?
지나	우리 가족이야. 저기는 다나야. 내 여동생이지.
라이언	저 사람은 누구야? 너희 오빠야?
지나	아니, 삼촌이셔. 삼촌 이름은 톰이야.
라이언	그렇구나. 정말 동안이시다.

❶ Who's that?
대명사 that은 '저것' 외에 '저 사람'이라는 뜻도 있습니다. Who's that?은 '저 사람은 누구니?'라는 뜻입니다.

❷ I see.
몰랐던 사실을 알게 되었을 때 '그렇구나' 또는 '알 았어'라고 수긍하는 표현입니다.

❸ Your uncle looks really young.
look 뒤에 형용사가 오면 '~하게 보이다'라는 뜻이 됩니다. '어려 보인다', '동안이다'라고 말하려면 look young이라고 표현하면 됩니다.

MP3 11-11

This is my cousin.
이 사람은 내 사촌이야.

That is her key.
저건 그녀의 열쇠야.

Those glasses are mine.
저 안경은 내 거야.

These magazines are hers.
이 잡지들은 그녀의 것이야.

It is her husband's bicycle.
그건 그녀 남편의 자전거야.

We're Jennifer's nephews.
우리는 제니퍼의 (남자)조카들이야.

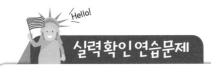

1 다음 문장의 뜻에 맞도록 빈칸에 들어갈 말을 고르세요.

1 This is my _____. 이분은 우리 할아버지셔.

　① uncle　　　② aunt　　　③ father　　　④ grandfather

2 Is this your _____? 이분이 너희 삼촌이시니?

　① brother　　② sister　　　③ uncle　　　④ aunt

3 _____ is this? 이분은 누구시니?

　① What　　　② Who　　　③ Whose　　　④ Who's

2 밑줄 친 부분에 들어갈 말을 적고, 소리 내어 말해 보세요.

> I have a brother. _____ brother is a writer. _____ name
> is Jack. I like _____.
> 나는 형이 있어. 나의 형은 작가야. 그의 이름은 잭이야. 나는 형을 좋아해.

3 괄호 안에서 알맞은 단어를 고르세요.

1 It is (my / mine) cell phone. 그건 내 휴대폰이야.

2 Is this (your / yours) camera? 이거 네 카메라니?

3 That is (her / hers). 저건 그녀의 것이야.

4 The car is (our / ours). 그 차는 우리 거야.

3 1. my 2. your 3. hers 4. ours
2 My, His, him
1 1. ④ 2. ③ 3. ②
정답

Day 12

It's under
the table.

그건 테이블 아래에 있어.

월   일

HOLLYWOOD

WELCOME
LAS VEGAS

MP3와 강의를 들어 보세요

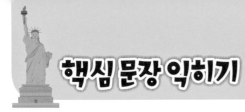

핵심 문장 익히기

1

It's under the table.
그건 테이블 아래에 있어.

★ 위치를 나타내는 전치사

전치사에는 대표적으로 위치를 나타내는 전치사와 시간을 나타내는 전치사가 있습니다. 먼저 위치를 나타내는 전치사를 알아보도록 하겠습니다.

at	~에	behind	~ 뒤에
in	~ 안에	in front of	~ 앞에
on	~ 위에	above	~ 위에(닿지 않음)
under	~ 아래에	below	~ 아래에(닿지 않음)
between	~ 사이에	next to	~ 옆에

📋 The pictures are **above** the sofa.   사진들은 소파 위에 (걸려) 있어.
Your glasses are **on** the desk.   네 안경은 책상 위에 있어.

★ Where is my ~?   내 ~는 어디 있어?

'어디'라는 뜻의 where를 사용해서 사람이나 물건이 어디에 있는지 물어볼 수 있습니다. 대답할 때에는 위에서 배운 위치를 나타내는 전치사를 사용하면 됩니다.

📋 A: **Where is my** laptop?   내 노트북 어디 있지?
B: It's under the table.   그거 테이블 아래에 있어.

A: **Where's my** credit card?   내 신용카드 어디 있지?
B: It's on the desk.   그거 책상 위에 있어.

 말해 보세요!

❶ It's _____ the chair.   그건 의자 밑에 있어.

❷ My glasses are _____ the desk.   내 안경은 책상 위에 있어.

❸ _____ is my new dress?   내 새 드레스는 어디 있지?

단어

table 테이블
picture 사진
sofa 소파
glasses 안경
desk 책상
laptop 노트북
credit card 신용카드

 정답

① under
② on
③ Where

② The class begins at 10 o'clock.

수업은 열 시에 시작해.

⭐ 시간을 나타내는 전치사

이번에는 시간을 나타내는 전치사를 살펴보겠습니다. 시간 앞에는 at, 날짜나 요일 앞에는 on, 그리고 연도와 월을 나타내는 단어 앞에는 in을 씁니다. 기간을 나타낼 때에는 from과 to, during 등을 사용할 수 있습니다.

at	~에(시간)	from	~부터(시작)
on	~에(날짜, 요일)	to	~까지(끝)
in	~에(연도, 월)	during	~ 동안(기간)

💬 I have English class **on** Monday. 나는 월요일에 영어 수업이 있어.
The class is **from** 10 a.m. **to** 11 a.m. 수업은 오전 10시부터 11시까지야.

➡ 시간 말하기 221쪽

⭐ on time과 in time

time 앞에 전치사 on이 오느냐 in이 오느냐에 따라 의미가 달라집니다.

on time	정시에(정각에 딱 맞춘다는 의미)
in time	시간 안에(여유 있게 시간 내에 맞춘다는 의미)

💬 The meeting started **on time**. 회의는 정시에 시작했어.
I arrived at the office **in time** for the meeting.
나는 회의 시간에 맞추어 사무실에 도착했어.

 말해 보세요!

❶ The class begins ＿＿＿ 9 a.m. 수업은 오전 9시에 시작해.

❷ The meeting started ＿＿＿ time. 회의는 정시에 시작했어.

 단어

class 수업
begin 시작하다
o'clock ~시
Monday 월요일
meeting 회의
on time 정시에
arrive 도착하다
office 사무실
in time 시간 안에
for ~을 위해
week 일주일, 주
month 달, 월
year 해, 년
have a test 시험을 보다

 정답

① at ② on

핵심 문장 익히기

3

 MP3 12-05 들어 보기   🎤 MP3 12-06 회화 훈련

He went into the shop.
그는 가게 안으로 들어갔어.

★ 방향을 나타내는 전치사

이번에는 방향을 나타내는 다양한 전치사들을 익혀 봅시다.

into	~ 안으로	down	~ 아래로
up	~ 위로	out of	~ 밖으로

예 She walked **up** the stairs.   그녀는 계단을 올라갔어.
He pulled **down** the blinds.   그는 블라인드를 당겨 내렸어.
He got **out of** the taxi.   그는 택시에서 내렸어.

★ 짝이 정해져 있는 전치사

out of처럼 전치사끼리 짝을 이루는 경우도 있지만, 어떤 전치사들은 특정한 동사와 짝이 되어 반드시 함께 쓰입니다. 자주 쓰이는 표현들이니 꼭 기억해 두세요.

listen to ~를 듣다	예 I listened **to** the radio. 나는 라디오를 들었어.
turn on ~를 켜다	예 She turned **on** the TV. 그녀는 TV를 켰어.
look at ~를 보다	예 He is looking **at** me. 그가 나를 보고 있어.

 왕초보 탈출 팁

out of는 두 개의 전치사가 같이 쓰여 '~ 밖으로'라는 의미로 쓰입니다.
예 We got **out of** there.
우리는 그곳을 빠져나왔다.

단어

shop 가게
stairs 계단
pull 당기다
blinds 블라인드
get out of ~에서 나가다, 내리다
taxi 택시
radio 라디오
there 거기, 그곳
story 이야기

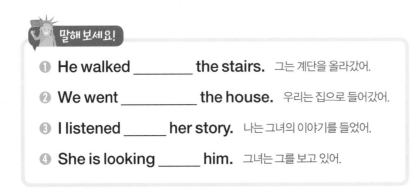

말해 보세요!

❶ He walked _____ the stairs.   그는 계단을 올라갔어.

❷ We went _____ the house.   우리는 집으로 들어갔어.

❸ I listened _____ her story.   나는 그녀의 이야기를 들었어.

❹ She is looking _____ him.   그녀는 그를 보고 있어.

 정답

① up ② into
③ to ④ at

 MP3 12-07 들어 보기   MP3 12-08 회화 훈련

4

I bought a present for you.
널 위해 선물을 샀어.

★ 자주 쓰이는 전치사

일상 회화에서 자주 쓰이며 여러 가지 뜻을 가지고 있는 전치사 of, for, about, with에 대해서 알아보겠습니다.

of	관련	예 **This is a picture of my family.** 이건 우리 가족의 사진이야.
	숫자/양	예 **I drank three cups of milk.** 나는 우유 3잔을 마셨어.
for	목적	예 **I baked a cake for your birthday.** 네 생일을 위해 케이크를 구웠어.
	이유	예 **I'm so happy for you.** 네가 잘돼서 정말 기뻐.
	기간	예 **He stayed for a week.** 그는 일주일간 머물렀어.
about	대상	예 **We talked about him.** 우리는 그에 대해 이야기했어.
	대략	예 **It's about five minutes from here.** 여기서부터 5분 정도 걸려.
with	동반	예 **I was with my friends yesterday.** 나는 어제 친구와 있었어.
	소유	예 **He speaks with a British accent.** 그는 말할 때 영국 억양이 있어.
	도구	예 **I fixed the door with a hammer.** 나는 망치로 문을 고쳤어.
	외모	예 **I remember the girl with blonde hair.** 그 금발 여자 기억 나.

단어

present 선물
milk 우유
bake 빵을 굽다
birthday 생일
stay 머무르다
minute 분
here 여기
speak 말하다
British 영국의
accent 억양
fix 고치다
door 문
hammer 망치
remember 기억하다
blonde 금발의
hair 머리카락

 말해 보세요!

❶ **I'm so happy _____ you.** 네가 잘돼서 정말 기뻐.

❷ **We talked _____ him.** 우리는 그에 대해 이야기했다.

 정답

① for ② about

 정답

① for ② about

MP3 12-09 들어 보기   ✎ MP3 12-10 회화 훈련

 Where is my credit card?

 It's on the table.

 Is it? I don't see it.

 It's next to the notebook.

 Oh, now I see it.
And where is my cell phone?

 It's on the sofa.

 Thank you.

 Hurry up. The class starts at 9 o'clock.

 Okay.

단어

where 어디	credit card 신용카드	on ~위에
see 보다	next to ~옆에	notebook 공책
cell phone 휴대폰	hurry up 서두르다	class 수업
start 시작하다	o'clock ~시	

라이언	내 신용카드 어디 있지?
지나	테이블 위에 있어.
라이언	그래? 안 보이는데.
지나	공책 옆에 있잖아.
라이언	아, 이제야 보이네. 그리고 내 휴대폰은 어디에 있지?
지나	소파 위에 있잖아.
라이언	고마워.
지나	서둘러. 수업은 9시에 시작해.
라이언	알았어.

❶ I don't see it.
직역하면 '나는 그것을 보지 않는다'로, 무언가를 찾는 상황에서 '못 찾겠어', '안 보여'라는 뜻으로 쓰입니다.

❷ next to
next to는 '~의 옆에'라는 뜻으로 위치를 설명할 때 쓰입니다.

❸ Hurry up.
상대방을 재촉할 때 '서둘러' 하고 말하는 표현입니다. 이처럼 명령문 표현은 주어 없이 바로 동사로 시작합니다.

❸ 9 o'clock
o'clock은 '~시', '정각'이라는 뜻입니다. o와 clock 사이에 아포스트로피(')를 붙인다는 점에 유의하세요.

On the sofa

on the table

🎧 MP3 12-11

The church is behind the supermarket.

교회는 슈퍼마켓 뒤에 있어.

My brother lives next to a bank.

우리 오빠는 은행 옆에 살아.

The shop opens from 10 a.m. to 7 p.m.

그 가게는 오전 10시부터
오후 7시까지 문을 열어.

We arrived at the train station at 11 a.m.

우리는 기차역에 오전 11시에 도착했어.

Dana ran up the stairs.

다나는 계단을 뛰어 올라갔어.

They drove into the garage.

그들은 차고로 차를 몰고 들어갔어.

1 다음 문장의 뜻에 맞도록 빈칸에 들어갈 말을 고르세요.

1 The new dress is _____ the closet. 새 드레스는 옷장에 있어.

① at   ② into   ③ in   ④ on

2 _____ are my glasses? 내 안경은 어디 있지?

① What   ② Where   ③ Who   ④ Whose

3 They walked _____ the stairs. 그들은 계단을 올라갔어.

① to   ② for   ③ down   ④ up

2 괄호 안에서 적합한 전치사를 골라 문장을 완성하세요.

1 It's (under / during) the sofa. 그것은 소파 아래에 있어.

2 I have English class (at / on) Monday. 나는 월요일에 영어 수업이 있어.

3 She turned (on / in) the TV. 그녀는 TV를 켰어.

3 다음 단어들을 배열하여 문장으로 만들어 보세요.

1 네 생일을 위해 케이크를 구웠어. [baked / your / for / I / a / birthday / cake]

→ _____ .

2 회의는 정각에 시작했어. [meeting / time / started / the / on]

→ _____ .

정답

1 1. ③ 2. ② 3. ④
2 1. under 2. on 3. on
3 1. I baked a cake for your birthday. 2. The meeting started on time.

Day 13

I can play
the guitar.

나는 기타를 칠 수 있어.

월   일

HOLLYWOOD

WELCOME
LAS VEGAS

MP3와 강의를 들어 보세요

공부 순서

동영상 강의

본책

복습용 동영상

단어장

단어 암기 동영상

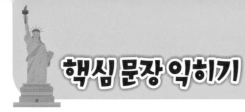

🎧 MP3 13-01 들어 보기　🎙 MP3 13-02 회화 훈련

❶

I can play the guitar.
나는 기타를 칠 수 있어.

★ I can+일반동사　나는 ~할 수 있어

무엇을 할 수 있다는 능력을 나타낼 때에는 일반동사 앞에 can을 붙입니다. can은 혼자서는 쓰일 수 없고, 다른 동사와 결합되어 '~을 할 수 있다'라는 의미를 더하는 보조적인 역할만 하기 때문에 '조동사'라고 합니다. 주의할 점은 조동사와 조동사 뒤에 따라오는 동사는 주어가 3인칭 단수라도 -s를 붙이지 않고 동사원형으로 사용한다는 것입니다.

예
> I **can help** you.　나는 널 도울 수 있어.
> We **can try** again.　우리는 다시 시도할 수 있어.
> She **can play** the piano.　그녀는 피아노를 칠 수 있어.

★ Can you ~?　~할 수 있어?

조동사가 쓰인 문장을 의문문으로 만들려면 조동사만 앞으로 옮기면 됩니다. 어떤 일을 할 수 있느냐고 물을 때에는 can만 맨 앞으로 빼면 되겠죠? '할 수 있다'고 대답하려면 Yes, I can이라고 말하면 됩니다. 반대로 '못한다'고 말할 때에는 No, I can't로 대답하면 됩니다. 여기서 can't는 cannot의 축약형입니다.

예
> A: **Can you** sing well?　너 노래 잘해?
> B: No, I **can't**. But I like singing.　아니, 못해. 하지만 노래하는 걸 좋아해.

 play

영어로 악기를 연주한다는 표현은 play입니다. 이때 악기 이름 앞에는 꼭 the를 붙입니다.
예 He can **play** the violin.
　그는 바이올린을 켤 수 있어.

왕초보 탈출 팁

-ing는 '~하는 중'이라는 뜻의 진행형 외에도 '~하는 것'이라는 의미로 쓸 수 있습니다. 예를 들어 'I like+-ing(나는 ~하는 것을 좋아해)'의 형태로 나의 취미를 말할 수 있습니다.
예 I like **dancing**.
　나는 춤추는 것을 좋아해.

 단어

play 연주하다
guitar 기타
help 돕다
try 시도하다, 노력하다
again 다시
piano 피아노
well 잘
violin 바이올린

 말해 보세요!

❶ She can _____ the piano.　그녀는 피아노를 칠 수 있어.

❷ Can you _____ well?　너 노래 잘해?

❸ I like _____.　나는 노래하는 걸 좋아해.

 정답

① play
② sing
③ singing

2

Can you help me?

나 좀 도와줄 수 있어?

★ Can you ~? ~해 줄 수 있어?

조동사 can은 무엇을 할 수 있다는 능력을 나타낼 때 외에 어떤 일을 부탁할 때도 쓸 수 있습니다. 따라서 Can you ~?로 시작하는 의문문은 상대방이 어떤 일을 해 줄 수 있는지 묻는 표현이 됩니다.

🗨 **Can you** open the door?　문 좀 열어 줄래?
Can you wait for me?　나 좀 기다려 줄래?

★ Can you ~? 질문에 답하기

부탁을 받았을 때는 어떻게 답하면 좋을까요? 단순히 Yes, I can이라고 답해도 되지만 '물론이지'라고 흔쾌히 말하고 싶을 때는 Sure라고 답해 보세요. 아래 예문을 보며 부탁을 승낙하거나 거절하는 방법을 알아봅시다.

🗨 A: Can you wait a minute?　잠깐만 기다려 줄 수 있어?
B: **Sure.**　물론이지.
A: Can you look through this report?　이 보고서 좀 훑어봐 줄 수 있어?
B: **Sorry**, I'm busy.　미안, 내가 바빠서.

 단어

help 돕다
open 열다
wait for ~를 기다리다
a minute 1분, 잠깐
sure 확실한, 당연한
look through ~을 훑어보다
report 보고서
busy 바쁜

말해 보세요!

❶ Can you _____ me?　나 도와줄 수 있어?

❷ Can you _____ a minute?　잠깐만 기다려 줄 수 있어?

❸ _____, I can.　그럼, 물론이지.

❹ _____, I'm busy.　미안, 내가 바빠서.

정답
① help ② wait
③ Sure ④ Sorry

🎧 MP3 13-05 들어 보기 🎤 MP3 13-06 회화 훈련

3

Can I sit here?
여기 앉아도 될까?

⭐ Can I ~? ~해도 될까?

조동사 can에는 무언가를 허락한다는 의미도 있습니다. Can I ~?로 시작하는 문장은 내가 이 행동을 해도 되는지 상대방의 허락을 구할 때 쓰는 표현입니다.

예 **Can I** talk to Angela? 안젤라와 이야기할 수 있을까?
Can I borrow your book? 네 책좀 빌려도 될까?

⭐ Can I ~? 질문에 답하기

상대방이 나에게 위와 같이 물어보았을 때, 단순히 Yes 또는 No라고 대답하는 대신 좀 더 자연스럽게 대답하는 방법들이 있습니다. 아래 예문을 보며 익혀 봅시다.

1. 허락할 때: Go ahead, Sure

예 A: Can I sit here? 여기 앉아도 될까요?
B: **Go ahead**. 그러세요.

A: Can I use your phone? 당신의 전화기를 좀 써도 될까요?
B: **Sure**. 그럼요.

2. 거절할 때: I'm sorry, Please don't

예 A: Can I sit here? 여기 앉아도 될까요?
B: **I'm sorry**. It's occupied. 죄송해요. 자리 있어요.

A: Can I smoke here? 여기서 담배 피워도 되나요?
B: **Please don't**. 안 됩니다.

 단어

sit 앉다
talk to ~와 이야기하다
borrow 빌리다
Go ahead 그러세요
occupied 사용 중인, 점유된
smoke 담배 피우다

말해 보세요!

❶ Can I _____ your book? 네 책을 빌릴 수 있을까?

❷ Go _____. 그러세요.

 정답

① borrow ② ahead

4

Could you repeat that?

다시 한 번 말씀해 주실 수 있나요?

★ 더 예의 바른 could

could는 can의 과거형입니다. 하지만 could로 질문을 만들면 Can you ~?나 Can I ~?로 시작하는 질문보다 더 공손한 어감을 주어서 좀 더 존댓말처럼 느껴집니다. could도 can과 마찬가지로 뒤에는 반드시 동사원형이 옵니다. 아래 표를 보며 could의 두 가지 기본적인 의미에 대해 알아봅시다.

can의 과거형	**She couldn't finish her homework.** 그녀는 숙제를 마칠 수 없었어. **I couldn't find my wallet this morning.** 난 아침에 지갑을 찾을 수 없었어.
공손한 요청	**Could I take one?** 저 하나 가져가도 될까요? **Could you do me a favor?** 부탁 좀 들어주실 수 있나요?

★ 가능성과 추측의 could

미래의 일에 대한 가능성이나 추측을 나타낼 때에도 could를 쓸 수 있습니다.

📣 You **could** go to Europe. 넌 유럽에 갈 수도 있어.
You **could** get hurt. 너 다칠 수도 있어.

🗽 **말해 보세요!**

❶ She ＿＿＿＿＿＿ leave. 그녀는 떠날 수 없었어.

❷ Could you ＿＿ me a ＿＿＿＿?
부탁 좀 들어주실 수 있나요?

❸ You could ＿＿＿＿ to her.
넌 그녀에게 이야기할 수도 있어.

🚕 **왕초보 탈출 팁**

couldn't는 could not의 축약형입니다.

📖 **단어**

repeat 반복하다
finish 마치다
homework 숙제
find 찾다
wallet 지갑
take 가지다, 취하다
favor 호의
do ~ a favor ~에게 호의를 베풀다
Europe 유럽
get hurt 다치다
leave 떠나다

 정답

① couldn't
② do, favor
③ talk

Angela
Hello, I'm Angela.
Can I ask you a question?

Ryan
I'm sorry, but I'm busy right now.
Can you come back after 10 minutes?

Angela
Sure, I can.

Ryan
Could you repeat your name, please?

Angela
No problem.
My name is Angela, A-N-G-E-L-A.

Ryan
Thank you.

단어

ask a question 질문하다	**busy** 바쁜	**right now** 바로 지금, 지금 당장
come back 돌아오다	**after** ~ 후에	**repeat** 반복하다, 다시 말하다
name 이름	**No problem** 문제없어	**hour** 한 시간

안젤라	안녕하세요, 안젤라예요.
	질문 하나 해도 될까요?
라이언	죄송하지만 제가 지금 바빠서요.
	10분 후에 다시 오실 수 있나요?
안젤라	네, 그럴게요.
라이언	성함을 다시 한 번 말씀해 주시겠어요?
안젤라	그럼요.
	제 이름은 안젤라, A-N-G-E-L-A입니다.
라이언	감사합니다.

❶ I'm sorry, but I'm busy right now.
지금 당장은 바빠서 안 된다는 거절의 표현입니다. '지금 당장'이라고 할 땐 right now라는 표현을 사용합니다.

❷ come back after
come back과 전치사 after를 함께 써서 얼마 후에 다시 오라고 이야기할 수 있습니다.
예 Could you **come back after** an hour?
한 시간 후에 다시 오시겠어요?

❸ No problem.
말 그대로 '문제없어요'라는 뜻입니다. 상대방이 미안해하거나 무언가 부탁했을 때 '괜찮아요'라는 의미로 자주 사용됩니다.

🎧 MP3 13-11

My brother can ride a bike.

내 동생은 자전거를 탈 줄 알아.

Her friend can speak English.

그녀의 친구는 영어를 할 줄 알아.

Can you have dinner with me?

나랑 같이 저녁 먹을 수 있어?

Can I go to the bathroom?

화장실 가도 되나요?

Could you help me?

좀 도와주시겠어요?

He couldn't find a job.

그는 직장을 구할 수가 없었어.

1 다음 문장의 뜻에 맞도록 빈칸에 들어갈 말을 고르세요.

1 We can _____ again. 우린 다시 시도할 수 있어.

① work　　　② cry　　　③ try　　　④ sit

2 I like _____. 나는 노래하는 것을 좋아해.

① sing　　　② singing　　　③ song　　　④ songs

3 Can I _____ your book? 네 책을 빌릴 수 있을까?

① see　　　② read　　　③ get　　　④ borrow

2 각 질문에 해당하는 답을 연결해 보세요.

1 Can you help me? ·　　　　　　· ① Sorry, it's occupied.

2 Can I sit here? ·　　　　　　· ② Please don't.

3 Can I smoke here? ·　　　　　　· ③ Sorry, I'm busy.

3 다음 중 문법적으로 맞는 문장을 고르세요.

① She can play the guitar.　　② Could you get me a favor?

③ Can I talk Angela?　　④ I like swim.

3 ①
2 1. ③ 2. ① 3. ②
1 1. ③ 2. ② 3. ④
정답

Day 14

I will clean the kitchen.

나는 부엌을 청소할 거야.

월   일

HOLLYWOOD

WELCOME LAS VEGAS

MP3와 강의를 들어 보세요

공부 순서

동영상 강의

본책

복습용 동영상

단어장

단어 암기 동영상

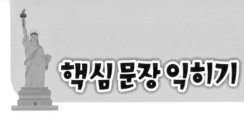

🎧 MP3 14-01 들어 보기   🎤 MP3 14-02 회화 훈련

1

I will clean the kitchen.
나는 부엌을 청소할 거야.

 I will ~   나는 ~할 거야

'나는 청소를 할 거야'처럼 '앞으로 ~을 하겠다'는 미래의 뜻을 나타낼 때는 일반동사 앞에 will을 붙입니다. will 역시 can과 마찬가지로 혼자서는 쓰일 수 없는 조동사로, 뒤에는 항상 동사원형이 옵니다. 이때 I will을 줄여서 I'll로 쓸 수도 있습니다. 다른 인칭대명사인 you, he, she 등도 마찬가지로 you'll, he'll, she'll처럼 줄여 쓸 수 있습니다.

📝 **I will** wash the dishes.   나는 설거지를 할 거야.
I will do the laundry.   나는 빨래를 할 거야.
I'll throw the garbage.   내가 쓰레기를 버릴게.

⭐ **I won't ~**   나는 ~하지 않을 거야

반대로 '나는 ~하지 않을 거야'라고 말할 때에는 동사의 앞에 will not을 붙여 줍니다. will과 not도 줄여서 한 단어로 만들 수 있는데, 이때는 특이하게도 모양이 won't가 됩니다. 다른 줄임형과는 모양이 다르니 주의하세요. '너는 ~할 거니?'라고 상대방에게 질문을 하고 싶을 때에는 Will you ~?로 시작하는 문장을 쓰면 됩니다.

📝 **I won't** iron the shirt.   나는 셔츠를 다리지 않을 거야.
A: **Will you** mop the floor?   네가 바닥을 닦을래?
B: Yes, I will.   그래, 그럴게.
No, I won't.   아니, 안 할 거야.

 단어

clean 청소하다
kitchen 부엌
wash 닦다
dish 접시
laundry 빨래
throw 던지다, 버리다
garbage 쓰레기
iron 다림질하다
shirt 셔츠
mop 걸레질하다
floor 바닥

 말해 보세요!

❶ I will _____ the dishes.   나는 설거지를 할 거야.

❷ I _____ do the laundry.   나는 빨래를 하지 않을 거야.

❸ Will you _____ the floor?   네가 바닥을 닦을래?

정답
① do
② won't
③ mop

② I would like to play tennis.

저는 테니스를 치고 싶어요.

⭐ I would like to ~　저는 ~하고 싶어요

will의 과거형인 would는 would like to라는 세 개의 단어를 묶어서 '~하고 싶다'라는 뜻으로 사용됩니다. can보다는 could가 공손한 표현이듯, would 역시 공손한 느낌을 줍니다. would like to는 하나의 조동사처럼 쓰이며, 뒤에는 반드시 동사원형이 옵니다. 굉장히 자주 쓰이는 표현이니 꼭 외워 두세요.

🔲 **I would like to** eat an apple.　저는 사과를 먹고 싶어요.
I would like to ask a question.　질문 하나 하고 싶어요.

⭐ Would you like to ~?　~하시겠어요?

상대방에게 보다 공손하게 '~하시겠어요?'라고 묻고 싶을 때에도 would like to를 쓸 수 있습니다. 그런데 이때에는 의문문이므로 would를 맨 앞에 놓고 Would you like to ~?라고 말하면 됩니다.

🔲 **Would you like to** try these shoes?　이 신발 신어 보시겠어요?
Would you like to join me?　저와 함께하실래요?

🚕 **왕초보 탈출 팁**

would like to를 줄여서 'd like to라고 쓸 수도 있습니다.

🔲 **I'd like to** order now.
지금 주문하고 싶어요.

📚 **단어**

play (운동 경기를) 하다
tennis 테니스
ask 묻다
question 질문
try 입어 보다, 신어 보다
join 함께하다
order 주문하다

 말해 보세요!

❶ I'd like to ask a ＿＿＿＿＿＿＿.　질문 하나 하고 싶어요.

❷ I would like to ＿＿＿＿＿ tennis.
저는 테니스를 치고 싶어요.

❸ Would you like to ＿＿＿＿＿ now?
지금 주문하시겠어요?

정답

① question
② play
③ order

🎧 MP3 14-05 들어 보기   🎤 MP3 14-06 회화 훈련

3

You should go to the doctor.

너는 병원에 가야 해.

⭐ You should ~   너는 ~해야 해

should는 누군가에게 어떤 일을 하라고 가볍게 조언하거나 충고할 때 많이 쓰는 단어입니다. should 역시 조동사이기 때문에 뒤에는 동사원형이 옵니다.

📣 **You should** eat healthy food.   건강한 음식을 먹어야 해.
You should exercise.   운동해야 해.
You should try this.   이거 해/먹어/입어 봐야 해.

⭐ You shouldn't ~   너는 ~하면 안 돼

반대로 어떤 일을 하지 말라고 말해 주고 싶을 때에는 should not이라고 하거나 또는 줄여서 shouldn't라고 하면 됩니다.

📣 **You shouldn't** waste money.   돈을 낭비하면 안 돼.
You shouldn't drive fast.   운전을 빨리 하면 안 돼.

 try

try는 '시도해 보다'라는 의미이므로 '입어 보다/신어 보다/먹어 보다' 등 폭넓게 사용할 수 있습니다.

 왕초보 탈출 팁

일상생활에서 정말 자주 쓰는 말 중 하나가 '나 어떡하지?' 아닐까요? 당황했을 때, 어찌해야 할 바를 모를 땐 What should I do?(내가 무엇을 해야 하지?/나 어떡하지?)라고 말하면 됩니다.

 단어

go to the doctor 병원에 가다
healthy 건강한
food 음식
exercise 운동하다
waste 낭비하다
money 돈

🗽 말해 보세요!

❶ You should _____.   너는 운동해야 해.

❷ You should _____ this.   이거 먹어 봐야 해.

❸ You shouldn't _____ money.   돈을 낭비하면 안 돼.

❹ You shouldn't _____ fast.   운전을 빨리 하면 안 돼.

 정답

① exercise ② try
③ waste ④ drive

4

We must go.

우리는 가야만 해.

★ must/have to ~해야 해

앞서 배운 should가 조언이나 충고 쪽에 가깝다면, must와 have to는 '~해야 한다'라는 뜻을 가진 조동사로서 should보다 좀 더 강제성이 담겨 있습니다. 두 표현은 같은 의미로 사용되지만 must가 좀 더 강한 표현이며, must는 말하는 사람의 의지가 담기고 have to는 외부 상황으로 인한 강제성이 반영된 표현이라는 점에서 약간의 차이가 있습니다. 한 가지 유의할 점은, have to는 앞의 주어가 3인칭 단수일 경우 일반동사 have의 불규칙 변화에 따라 has to를 써야 한다는 것입니다.

예 I **must** go home.　난 집에 가야 해.
　He **has to** stay here.　그는 여기 있어야 해.
　We **have to** finish our homework by Friday.
　우리는 금요일까지 숙제를 끝내야 해. (외부 상황에 의해 숙제가 주어진 상황임을 내포)

　비교　You <u>must</u> finish your homework by Friday.
　　　너희들은 금요일까지 숙제를 끝내야 해. (숙제를 내 준 선생님 자신의 의지를 내포)

★ must와 have to의 부정문

must와 have to는 긍정문에서는 유사한 의미로 사용되지만 부정문에서는 의미가 달라지므로 주의해야 합니다. must not은 금지를, don't/doesn't have to는 강제성이 없음을 나타냅니다.

예 He **must not** smoke.　그는 담배를 피우면 안 돼.
　You **don't have to** go.　갈 필요 없어. (=안 가도 돼.)

단어

stay 머물다
finish 끝내다
homework 숙제
by ~까지
smoke 담배 피우다

 말해 보세요!

❶ We must _____.　우리는 기다려야 해.

❷ She _____ to talk to him.　그녀는 그와 이야기해야 해.

 정답

① wait ② has

 We should clean the house.

 Okay. I'll clean the bathroom.

 I'll mop the living room floor.

 We have to finish early.

 Why?

 I have to leave before 7 o'clock.

 That's impossible.
We won't finish before 9 p.m.

 Then, should I postpone my appointment?

 Yeah, I think you should.

단어

clean 청소하다
mop 걸레질하다
finish 끝내다
before ~ 전에
postpone 미루다, 연기하다
think 생각하다

house 집
living room 거실
early 빨리
impossible 불가능한
appointment 약속

bathroom 화장실
floor 바닥
leave 떠나다
then 그렇다면, 그러면
yeah 그래(yes의 구어적 표현)

지나	우리는 집을 청소해야 해.
다나	그래. 난 화장실을 청소할게.
지나	나는 거실 바닥을 걸레질할게.
다나	우리 빨리 끝내야 돼.
지나	왜?
다나	나 7시 전에 나가야 되거든.
지나	그건 불가능해. 9시 전엔 못 끝낼 거야.
다나	그러면 나 약속을 미뤄야 할까?
지나	응, 그래야 할 것 같아.

❶ finish early
finish(끝내다)를 '빨리'라는 뜻의 부사 early와 함께 사용하여 '빨리 끝내다'라는 표현이 됩니다.

❷ Why?
대화 중 간단하게 '왜?' 하고 묻는 표현입니다.

❸ I have to leave before 7 o'clock.
'~ 전에'라고 말할 때에는 전치사 before를 사용합니다. 여기서는 '7시 전에 나가야 해'라는 의미입니다.

❹ postpone my appointment
치과 예약, 친구와의 약속 등 시간을 정해 놓고 가는 약속을 appointment라고 합니다. '연기하다'라는 뜻의 postpone과 함께 쓰면 '약속을 미루다'라는 표현이 됩니다.

🎧 MP3 14-11

I will take a shower.
나는 샤워할 거야.

Would you like to work with me?
저랑 함께 일해 보실래요?

You should quit smoking.
너는 담배를 끊어야 해.

You shouldn't play the guitar at night.
밤에 기타를 치면 안 돼.

You must come home by 9 p.m.
밤 9시까지는 집에 와야 해.

Sally has to go to Europe this weekend.
샐리는 이번 주말에 유럽에 가야 해.

1 다음 문장의 뜻에 맞도록 빈칸에 들어갈 말을 고르세요.

1 She _____ iron the shirt. 그녀가 셔츠를 다릴 거야.

① work　　② will　　③ wills　　④ clean

2 I would _____ to ask a question. 질문 하나 하고 싶어요.

① favor　　② take　　③ think　　④ like

3 You _____ listen to him. 그의 말을 들으면 안 돼.

① shouldn't　　② should　　③ would　　④ wouldn't

2 괄호 안에서 적합한 단어를 고르세요.

1 I (will / can) clean the kitchen. 나는 부엌을 청소할 거야.

2 You (should / would) eat healthy food. 너는 건강한 음식을 먹어야 해.

3 We (won't / have to) do it again. 우리는 이걸 다시 해야 해.

3 다음 중 문법적으로 맞는 문장을 고르세요.

① I'll mop the floor.　　② She will throws the garbage.

③ He have to leave now.　　④ I'd like swim.

Day 15

How much is it?
이거 얼마예요?

월   일

HOLLYWOOD

WELCOME
LAS VEGAS

MP3와 강의를 들어 보세요

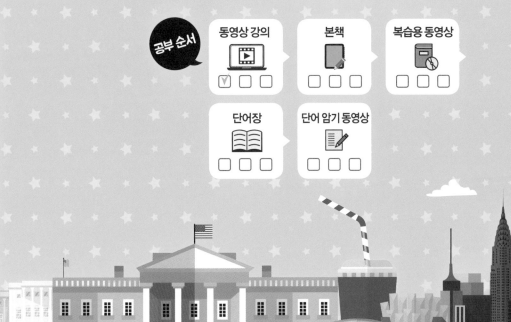

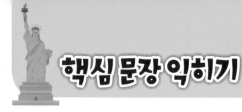

핵심 문장 익히기

🎧 MP3 15-01 들어 보기   🎙️ MP3 15-02 회화 훈련

1

How much is it?
이거 얼마예요?

★ How much ~? ~ 얼마예요?

물건의 가격을 묻는 표현은 일상생활에서 정말 자주 쓰이는데요. 가격을 물어볼 때는 항상 how(얼마나)와 much(많이)를 함께 써서 How much is ~?라고 표현합니다. 가격을 알고자 하는 물건이 여러 개인 경우에는 is가 아니라 are이 온다는 점에 주의하세요.

🗨️ **How much is** this blouse? 이 블라우스 얼마예요?
How much is that jacket? 저 재킷 얼마예요?
How much are these jeans? 이 청바지 얼마예요?
How much are the socks? 그 양말 얼마예요?

★ 가격 알려 주기

가격을 묻는 질문에 대해 답하려면 It is를 줄여서 'It's+가격'이라고 말하면 됩니다. pants(바지), glasses(안경)처럼 복수형인 경우에는 'They're+가격'이라고 답하면 됩니다.

🗨️ **A:** How much is this blouse? 이 블라우스 얼마예요?
B: It's 50 dollars. 50달러예요.

A: How much are these jeans? 이 청바지 얼마예요?
B: They're 45 dollars. 45달러입니다.

말해 보세요!

❶ **A: How much _____ these pants?** 이 바지 얼마예요?

   B: _____ 60 dollars. 60달러예요.

❷ **A: How much _____ this blouse?** 이 블라우스 얼마예요?

   B: _____ 40 dollars. 40달러예요.

영어에서 안경(glasses)은 항상 복수형으로 쓴다고 했던 것 기억 나시죠? 바지, 신발, 양말 등 항상 짝을 지어 사용되는 물건들은 영어에서 복수로 취급합니다.

pants	바지
shoes	신발
socks	양말
jeans	청바지

🗨️ I want <u>these</u> **jeans**.
나는 이 청바지를 원해.
Where <u>are</u> my **shoes**?
내 신발 어디 있지?

단어

blouse 블라우스
jacket 재킷

정답

① are, They're
② is, It's

2

🎧 **MP3** 15-03 들어 보기　🎤 **MP3** 15-04 회화 훈련

She has many dresses.
그녀는 드레스가 많아.

★ 셀 수 있는 물건이 많을 때에는 **many**

영어에는 셀 수 있는 명사(가산명사)와 셀 수 없는 명사(불가산명사)가 있습니다. 예를 들어 책, 컵, 신발 등과 같은 물건은 one book, two books처럼 개수를 셀 수 있습니다. 사람도 한 명, 두 명 셀 수 있지요. 셀 수 있는 대상이 많이 있다고 말할 때에는 many를 명사 앞에 붙여 주면 됩니다.

💬 I have **many** friends.　난 친구가 많아.
I bought **many** shoes.　나는 신발을 많이 샀어.
Many children love the movie.　많은 아이들이 그 영화를 좋아해.

★ 셀 수 없는 물건이 많을 때에는 **much**

그렇다면 셀 수 없는 명사란 무엇일까요? 영어에서 물, 치즈, 빵, 밀가루 등 가루나 액체, 덩어리 형태로 되어 있어서 어떻게 담거나 자르느냐에 따라 양이 달라질 수 있는 것들은 셀 수 없다고 생각합니다. 이러한 것들에 대해 많다고 표현할 땐 much를 사용합니다.

💬 I don't drink **much** coffee.　나는 커피를 많이 마시지 않아.
You shouldn't eat **too much** sugar.　설탕을 너무 많이 먹으면 안 돼.

 왕초보 탈출 팁

많아도 너무 많다면? many나 much 앞에 too를 붙여서 강조할 수 있습니다.

💬 **Too much**!
너무 많아요!
They bought **too many** cups.
그들은 너무 많은 컵을 샀어.

 단어

bought 샀다(buy의 과거형)
children 아이들
movie 영화
sugar 설탕
plan 계획

 말해 보세요!

① **She has _____ _____ plans.**　그녀는 계획이 너무 많아.

② **I don't drink much _____.**　나는 커피를 많이 마시지 않아.

③ **You shouldn't eat too much _____.**
설탕을 너무 많이 먹으면 안 돼.

정답

① too many
② coffee
③ sugar

핵심 문장 익히기

🎧 **MP3** 15-05 들어 보기　🎤 **MP3** 15-06 회화 훈련

3

He has so much money.
그는 돈이 정말 많아.

★ 셀 수 없는 명사 money

영어에서 셀 수 있는 명사와 셀 수 없는 명사를 구분할 때 특이한 점은 money를 셀 수 없는 명사로 생각해서 many가 아닌 much를 사용한다는 것입니다. 실제로 돈을 세는 것은 dollar와 같은 단위이기 때문에 money는 셀 수 없는 명사로 간주합니다.

📢 Does he have **much money**?　그는 돈이 많아?
I don't have **much money**.　나는 돈이 별로 없어.
He doesn't make **much money**.　그는 돈을 잘 못 벌어.

★ 셀 수 없는 명사 세기

위에서 money는 셀 수 없지만 dollar라는 단위로 셀 수 있다는 사실을 배웠는데요. 이와 마찬가지로 water, bread 등 셀 수 없는 명사라고 하더라도 적절한 단위를 붙여서 three cups of water(물 세 잔)처럼 양을 표현할 수 있습니다. 아래 예문들을 살펴봅시다.

📢 I drank **a glass of** wine.　나는 와인 한 잔을 마셨어.
He ate **three pieces of** bread.　그는 빵을 세 조각 먹었어.
I have **five pairs of** shoes.　나는 신발이 다섯 켤레 있어.

 왕초보 탈출 팁

전치사 of는 수량을 나타낼 때 사용됩니다. '숫자+단위+of'의 순서로 어떤 물건의 양을 표현할 수 있습니다.

📢 two cups **of** coffee
커피 두 잔
➔ 전치사 217쪽

 단어

make money 돈을 벌다
glass 잔
wine 와인
piece 조각
bread 빵
pair 한쌍, 한 켤레

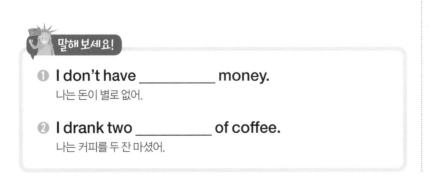

말해 보세요!

❶ **I don't have _____ money.**
나는 돈이 별로 없어.

❷ **I drank two _____ of coffee.**
나는 커피를 두 잔 마셨어.

 정답

① much　② cups

162

🎧 MP3 15-07 들어 보기　🎙 MP3 15-08 회화 훈련

❹

How many books are there in your bag?

네 가방 안에는 책이 몇 권 있어?

★ How many ~? ～이 몇 개나 있어요?

how much는 셀 수 없는 명사나 가격에 대해 물어볼 때 쓰는 표현이었는데요, 반대로 셀 수 있는 물건들이 몇 개나 있는지, 얼마나 있는지 물어보고 싶을 때에는 How many ~?로 시작하는 의문문을 사용합니다.

📣 **How many** days are there in January?
1월에는 며칠이 있지? (=1월은 모두 며칠이지?)
How many people work in your company?
너희 회사에서는 몇 명이 일해? (=너희 회사에는 직원이 몇 명이야?)
How many girls are there in your class?
너희 반에는 여자아이가 몇 명 있어?

★ There is / are ~ ～가 있어요

How many ~?로 시작하는 질문에는 There are ~(～가 있어요)를 활용하여 대답하면 됩니다. 단, 대상이 하나일 때에는 There are 대신 There is를 써야 합니다.

📣 **There are** 31 days in January.　1월에는 31일이 있어.
There are 30 people in my company.　우리 회사에는 30명이 있어.
There is one girl in our class.　우리 반에는 여자아이가 한 명 있어.

 말해 보세요!

❶ ＿＿＿＿＿＿ ＿＿＿＿＿＿ girls are there in your class?
너희 반에는 여자아이가 몇 명 있어?

❷ ＿＿＿＿＿＿ ＿＿＿＿＿ 5 girls in our class.
우리 반에는 여자아이가 다섯 명 있어.

🍟 **단어**
....
bag 가방
day 날, 하루
January 1월
people 사람들
company 회사
class 학급, 반

 정답
① How many
② There are

도전! 실전 회화

 Clerk Good morning. Can I help you?

 Jina Yes. How much is this coat?

 Clerk It's 200 dollars.
Would you like to try it on?

 Jina Yes. Do you have it in size 8?

 Clerk Yes, it comes in all sizes.

 Jina Does it come in black?

 Clerk Sure. Here it is.

 Jina It's perfect.

단어

coat 코트	**try on** ~을 입어 보다	**size** 사이즈
come in (상품 등이) ~로 나오다	**all** 모든	**black** 검은색
here 여기	**perfect** 완벽한	

164

점원	안녕하세요. 도와드릴까요?
지나	네. 이 코트는 얼마죠?
점원	200달러입니다. 입어 보시겠어요?
지나	네. 혹시 사이즈 8 있나요?
점원	네, 모든 사이즈가 다 있어요.
지나	검은색으로도 나오나요?
점원	그럼요. 여기 있습니다.
지나	딱이네요.

❶ Would you like to try it on?
try on은 '~을 입어 보다'라는 표현입니다. 여기서는 Would you like ~?와 함께 '이거 입어 보시겠어요?'라는 뜻으로 쓰였습니다.

❷ Do you have it in size 8?
미국의 옷 사이즈는 0, 2, 4, 6, 8, 10 등 짝수로 나옵니다. 자신의 사이즈를 미리 알아 두면 쇼핑할 때 편리하겠죠?

❸ It comes in all sizes.
'제품+come(s) in+사이즈/색상'이라고 하면 제품의 사이즈나 색상을 설명하는 표현이 됩니다.

🔘 This shirt **comes in** black and red.
  이 셔츠는 검은색과 빨간색으로 나와요.

❹ Here it is.
무언가를 건네주면서 Here it is라고 하면 '여기 있어요'라는 뜻이 됩니다.

How much are these pants?

이 바지는 얼마죠?

My grandmother reads many books.

우리 할머니는 책을 많이 읽으셔.

She has too many necklaces.

그녀는 목걸이가 너무 많아.

My son drinks too much milk.

우리 아들은 우유를 너무 많이 마셔.

How many books are there in the library?

그 도서관에는 책이 몇 권이나 있죠?

There are many students in the classroom.

교실에는 학생들이 많아.

1 다음 문장의 뜻에 맞도록 빈칸에 들어갈 말을 고르세요.

1 How much is this _____? 이 셔츠 얼마예요?

① shoes   ② shirt   ③ pants   ④ jeans

2 How much are _____ jeans? 저 청바지 얼마예요?

① this   ② that   ③ these   ④ those

3 It _____ in all sizes. 모든 사이즈가 다 있어요.

① goes   ② gets   ③ takes   ④ comes

2 괄호 안에서 적합한 단어를 고르세요.

1 How (many / much) people work in your company?

너희 회사에는 직원이 몇 명이야?

2 There (is / are) 30 people in my company. 우리 회사에는 직원이 30명 있어.

3 I don't drink (many / much) coffee. 나는 커피를 별로 안 마셔.

3 다음 중 문법적으로 맞는 문장을 고르세요.

① How much is this glasses?

② How many children do you have?

③ He makes many money.

④ I ate three breads.

Day 16

When is your birthday?

네 생일은 언제야?

월   일

HOLLYWOOD

WELCOME
LAS VEGAS

MP3와 강의를 들어 보세요

공부 순서

동영상 강의

본책

복습용 동영상

단어장

단어 암기 동영상

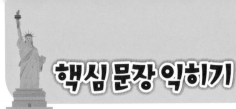

🎧 MP3 16-01 들어 보기　🎤 MP3 16-02 회화 훈련

1

When is your birthday?

네 생일은 언제야?

★ When is ~? ~는 언제예요?

'언제'를 뜻하는 when을 사용해서 날짜를 묻는 표현을 만들 수 있습니다.

예 **When is** the next meeting?　다음 회의는 언제야?
　 When is the party?　파티는 언제야?

★ 기수와 서수

영어에서는 숫자가 기수와 서수 두 종류로 구분되어 표현됩니다. 기수는 우리가 흔히 알고 있는 one, two, three이며, 서수는 '첫 번째', '두 번째' 등 순서를 나타내는 표현입니다. 1부터 3까지는 기수와 서수의 모양이 서로 아예 다르지만 4부터는 fifth와 ninth를 제외하면 기수의 뒤에 -th만 붙이면 서수가 됩니다.

기수	서수	기수	서수
one	first	six	sixth
two	second	seven	seventh
three	third	eight	eighth
four	fourth	nine	ninth
five	fifth	ten	tenth

➔ 숫자 읽기 219쪽

말해 보세요!

❶ **When is your** ＿＿＿＿＿＿**?**　네 생일은 언제야?

❷ **When is the next** ＿＿＿＿＿＿**?**　다음 회의는 언제야?

❸ **I'm in** ＿＿＿＿＿ **grade.**　나는 2학년이야.

❹ **She is the** ＿＿＿＿＿**.**　그녀가 첫 번째야.

단어

birthday 생일
next 다음
meeting 회의
party 파티
grade 학년

정답

① birthday
② meeting
③ second
④ first

❷

My birthday is August 31.
내 생일은 8월 31일이야.

★ 날짜 말하기

날짜를 말할 때는 주로 서수를 이용합니다. 8월 31일을 영어식으로 말하면 8월의 31번째 날이 되겠죠. 그래서 날짜는 숫자로 쓰지만 읽을 때는 서수로 읽습니다. 미국에서는 월을 일보다 앞에, 영국에서는 일을 월보다 앞에 씁니다.

영국식　**5 October 2018** [the fifth of October, two thousand (and) eighteen]

미국식　**October 5, 2018** [October fifth, two thousand (and) eighteen]

★ 1월~12월

영어는 월마다 이름이 다릅니다. 또한 월의 이름은 문장 중간에 있어도 항상 첫 글자를 대문자로 쓴다는 점에 주의하세요.

1월	January	7월	July
2월	February	8월	August
3월	March	9월	September
4월	April	10월	October
5월	May	11월	November
6월	June	12월	December

🗨 Today is **November** 27.　오늘은 11월 27일이야.
My wedding anniversary is **April** 26.　내 결혼기념일은 4월 26일이야.
Is your birthday **May** 2?　네 생일이 5월 2일이야?

말해 보세요!

❶ **My birthday is** _____ **11.**　내 생일은 10월 11일이야.

❷ **Today is** _____ **25.**　오늘은 6월 25일이야.

🍔 단어

of ~의
today 오늘
wedding anniversary
　결혼기념일

정답

① October
② June

🎧 MP3 16-05 들어 보기　🎤 MP3 16-06 회화 훈련

③

I was born in 1985.
나는 1985년생이야.

★ I was born in ~　저는 ~년생이에요

나이를 말할 때 I'm 33 years old라고 말할 수도 있지만 몇 년생인지 태어난 연도로 말할 수도 있습니다. '나는 태어났다'라는 뜻의 I was born 뒤에 'in+연도'를 붙이면 됩니다. 그런데 영어로 연도를 말할 때에는 숫자를 두 개씩 끊어 읽는다는 점을 유의하세요. 예를 들어 '1985년'은 앞의 두 자리 19[nineteen]을 먼저 읽은 다음 뒤의 두 자리 85[eighty five]를 읽습니다.

 My sister **was born in** 1991.　내 여동생은 1991년생이야.
　　I **was born in** 1979.　나는 1979년생이야.

★ born in과 born on의 차이

born in+장소	예 I was **born in** Australia.　저는 호주에서 태어났어요.
born in+월	예 My son was **born in** June.　내 아들은 6월생이야.
born in+연도	예 They were **born in** 1987.　그들은 1987년생이에요.
born on+요일	예 I was **born on** Saturday.　나는 토요일에 태어났어.
born on+날짜	예 I was **born on** July 18.　나는 7월 18일생이야.

🚕 **왕초보 탈출 팁**

2000년대 이후의 연도는 둘씩 끊어서 읽지 않고 '2000+뒤의 숫자'로 읽습니다.

예 2017년 [two thousand (and) seventeen]

🎖 **단어**

was/were born 태어났다
son 아들
Australia 호주

 말해 보세요!

❶ I was _____ in 1990.　나는 1990년생이야.

❷ She was born ___ _____.　그녀는 5월에 태어났어.

❸ I was born ___ _____.　나는 호주에서 태어났어.

❹ He was born ___ _____.　그는 일요일에 태어났어.

 정답

① born
② in May
③ in Australia
④ on Sunday

172

4

What day is it today?
오늘 무슨 요일이야?

★ 무슨 요일인지 물어보기

what을 써서 어제, 오늘, 내일이 무슨 요일인지 묻는 표현을 알아봅시다. 어제가 무슨 요일이었는지를 물어볼 때에는 동사도 과거형인 was를 씁니다.

What day was it yesterday?   어제 무슨 요일이었지?
What day of the week **is it** today?   오늘이 일주일 중 무슨 요일이지?

★ 영어로 요일 말하기

요일 역시 자주 쓰이는 단어이기 때문에 꼭 외워 두어야 합니다. 매달의 이름과 마찬가지로 요일은 문장 중간에 있어도 첫 글자를 항상 대문자로 씁니다.

Monday	월요일	**Friday**	금요일
Tuesday	화요일	**Saturday**	토요일
Wednesday	수요일	**Sunday**	일요일
Thursday	목요일		

Today is **Monday**.   오늘은 월요일이야.
Yesterday was **Wednesday**.   어제는 수요일이었어.

 왕초보 탈출 팁

요일이 아니라 오늘이 며칠인지 날짜를 물을 때에는 What date is it today?(오늘 며칠이지?)라고 말하면 됩니다.

 단어

yesterday 어제
week 일주일
date 날짜

 말해 보세요!

❶ **What day is it** _____?   오늘 무슨 요일이지?

❷ **What day** _____ **it yesterday?**   어제 무슨 요일이었지?

❸ **Today is** _____.   오늘은 수요일이야.

❹ _____ **is Jenny's birthday.**   월요일은 제니의 생일이야.

정답

① today
② was
③ Wednesday
④ Monday

MP3 16-09 들어 보기 MP3 16-10 회화 훈련

 What date is it today?

 It's July 26.

 It's Mark's birthday!
I marked it on my calendar.

 Oh no! I totally forgot.

 We should hurry and buy him something.

 I agree. We should leave now.
The store closes at 7 p.m.

단어

date 날짜	**birthday** 생일	**mark** 표시하다
calendar 달력	**totally** 완전히	**forget** 잊어버리다
hurry 서두르다	**buy** 사다	**something** 무언가, 어떤 것
agree 동의하다	**leave** 떠나다	**close** (문을) 닫다

174

라이언	오늘이 며칠이지?
지나	7월 26일이야.
라이언	마크의 생일이잖아! 내가 달력에 표시해 뒀었어.
지나	어머! 나 완전히 잊어버리고 있었어.
라이언	서둘러서 마크에게 뭔가 사 줘야겠다.
지나	맞아. 지금 출발해야겠다. 가게가 7시에 문을 닫거든.

❶ I marked it on my calendar.
달력에 어떤 날짜를 표시한다고 할 때 mark(표시하다)를 활용하여 mark it on the calendar 라는 표현을 씁니다.

❷ I agree.
agree(동의하다)라는 단어를 써서 상대방의 의견에 대해 '맞아', '나도 동의해'라고 말할 수 있습니다.

🎧 MP3 16-11

My teacher's birthday is October 29.

우리 선생님의 생일은 10월 29일이야.

He was born in 1995.

그는 1995년에 태어났어.

It snows in December.

12월에는 눈이 와.

My daughter was born on June 17, 2010.

우리 딸은 2010년 6월 17일에 태어났어.

When is your wedding day?

네 결혼식은 언제야?

She had dinner with her mother on Saturday.

그녀는 토요일에 엄마와 저녁을 먹었어.

1 다음 문장의 뜻에 맞도록 빈칸에 들어갈 말을 고르세요.

1 When is the next _____? 다음 회의는 언제야?

① meeting ② talk ③ date ④ seeing

2 My birthday is _____ 3. 내 생일은 3월 3일이야.

① May ② August ③ July ④ March

3 Today is _____. 오늘은 화요일이야.

① Tuesday ② Monday ③ Sunday ④ Wednesday

2 밑줄 친 연도의 발음으로 알맞은 것을 고르세요.

1 I was born in <u>1979</u>. 나는 1979년에 태어났어.

① nineteen seven nine ② ninety seventy nine
③ nineteen seventy nine ④ ninety seven nine

2 My brother was born in <u>2002</u>. 내 남동생은 2002년에 태어났어.

① two thousand two ② twenty two
③ twenty thousand two ④ two hundred two

3 다음 중 문법적으로 맞는 문장을 고르세요.

① When day is it today? ② What is your birthday?
③ I was born on Seoul. ④ Today is Sunday.

Day 17

Let's eat together.
같이 식사하자.

월   일

MP3와 강의를 들어 보세요

공부 순서

동영상 강의

본책

복습용 동영상

단어장

단어 암기 동영상

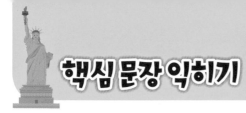

핵심 문장 익히기

🎧 **MP3 17-01** 들어 보기   🎤 **MP3 17-02** 회화 훈련

1

Let's eat together.

같이 식사하자.

★ Let's ~   우리 ~하자

'~하게 하다', '허락하다'라는 뜻의 동사 let과 '우리'를 의미하는 목적격 대명사 us
를 붙여서 let's라고 쓰면 '우리 ~하자'라는 제안의 의미가 됩니다. 이때 let's 뒤에는
동사원형이 옵니다. 예를 들어 Let's go!라고 하면 '가자!'라는 뜻이 됩니다. 하지만
Let과 us를 분리해서 Let us go라고 하면 '우리가 가도록 허락해 주세요'라는 의미
가 되니 주의하세요.

🗨 **Let's** eat out tonight.   오늘 저녁은 외식하자.
   Let's start.   시작합시다.
   Let's see.   좀 보자.

★ Let me ~   내가 ~할게

Let me ~라고 이야기하면 '제가 ~하게 허락해 주세요'라는 의미를 내포하고 있어
서, '내가 ~할게'라는 뜻을 공손하게 전달하는 표현이 됩니다.

🗨 **Let me** try again.   내가 다시 해 볼게.
   Let me check it.   내가 확인해 볼게.
   Let me know.   나한테 알려 줘. (=내가 알게 해 줘.)

왕초보 탈출 팁

Let's see는 '좀 두고 보자', '생
각 좀 해 보자'라는 의미로 쓰입
니다.

왕초보 탈출 팁

know(알다)를 사용한 Let me
know라는 표현은 어떤 일이 잘
되고 있는지, 부탁한 일이 어떻게
되었는지, 누가 언제 오는지 등을
알려 달라고 할 때 자주 쓰는 표
현입니다.

단어

eat out 외식하다
tonight 오늘 밤
start 시작하다
see 보다
check 확인하다
know 알다

말해 보세요!

❶ Let's _____.   좀 두고 보자.

❷ Let's _____ now.   이제 시작하자.

❸ Let me _____ again.   제가 다시 해 볼게요.

❹ Let me _____.   나한테 알려 줘.

정답

① see ② start
③ try ④ know

180

② Be quiet.

조용히 해.

★ be동사의 명령문

Let's ~로 시작하는 문장은 어떤 일을 함께 하자는 제안의 표현이지만, Be quiet 같은 명령문은 훨씬 더 강하게 누군가에게 명령하는 느낌을 줍니다. 이처럼 명령문을 쓸 때에는 주어 없이 동사가 맨 앞에 오며, 동사는 반드시 원형으로 써야 합니다. 따라서 be동사는 am/are/is 형태가 아닌 원형 be로 써야겠지요.

📢 **Be** careful.　조심해.
　Be patient.　인내심을 가져.
　Be nice to people.　사람들을 친절하게 대하렴.

★ Don't 금지 표현 ❶

그렇다면 반대로 무엇을 하지 말라는 말은 어떻게 할까요? 위에서 배운 be동사의 명령문 앞에 Don't만 붙이면 됩니다.

📢 **Don't be** late.　늦지 마.
　Don't be silly.　바보같이 굴지 마.
　Don't be rude.　무례하게 굴지 마.
　Don't be too proud.　너무 자만하지는 마.

단어

quiet 조용한
careful 신중한, 조심스러운
patient 참을성 있는
nice 친절한
people 사람들
late 늦은
silly 바보 같은
rude 무례한
proud 자만하는, 자랑스러워
　하는

말해 보세요!

❶ Be ＿＿＿＿＿.　조심해.

❷ Be ＿＿＿＿＿.　인내심을 가져.

❸ Don't be ＿＿＿.　늦지 마.

❹ Don't be ＿＿＿.　무례하게 굴지 마.

정답
① careful　② patient
③ late　④ rude

핵심 문장 익히기

3

Please wait here.
여기서 기다리세요.

★ 일반동사의 명령문

일반동사도 be동사와 마찬가지로 동사원형을 문장 맨 앞에 쓰면 명령문이 됩니다.

예) **Go** home.　집에 가.
Wake up.　일어나.
Wait here.　여기서 기다려.

★ 명령문에서 please 활용하기

명령문이라고 해서 모두 딱딱한 느낌을 주는 것은 아닙니다. 명령문에 please를 붙이면 조금 더 공손하게 표현할 수 있습니다.

예) **Please** hurry up.　서둘러 주세요.
Please watch out!　조심하세요!
Please move your car.　차를 옮겨 주세요.

★ Don't 금지 표현 ❷

be동사의 금지 명령문을 만든 것과 마찬가지로 Don't를 일반동사 앞에 놓으면 금지 명령문을 만들 수 있습니다.

예) **Don't run**.　뛰지 마.
Don't touch it.　그거 건드리지 마.
Don't call me.　나에게 전화하지 마.

단어

wait 기다리다
here 여기
wake up 일어나다
hurry up 서두르다
watch out 조심하다
move 옮기다
run 뛰다
touch 만지다
call 전화하다

말해 보세요!

❶ _____ **move your car.**　차를 옮겨 주세요.

❷ _____ **up.**　서둘러.

❸ **Don't** _____ **it.**　그거 건드리지 마.

정답

① Please
② Hurry
③ touch

182

🎧 **MP3** 17-07 들어 보기　🎤 **MP3** 17-08 회화 훈련

④ Watch your step.
발 조심하세요.

★ 관용적인 명령문

명령문이라고 해서 꼭 상대에게 명령할 때만 사용하는 것은 아닙니다. 예를 들어 아래와 같은 표현들은 명령보다는 권유나 바람을 표현합니다. 관용적 표현이 많으니 통째로 암기하는 것이 좋습니다.

📋 **Have** a nice day.　좋은 하루 보내세요.
　Enjoy your weekend.　주말 잘 보내세요.
　Sleep well.　잘 자.
　Have a safe trip.　조심해서 가요.

★ 표지판과 안내문 읽기

외국에서 표지판이나 안내문의 내용은 주의 깊게 봐야 합니다. 무엇을 하지 말라는 문구가 많기 때문입니다. 표지판 및 안내문에서는 Don't가 아니라 Do not으로 풀어서 쓰는 경우가 더 많습니다. Do not이라고 각 단어를 따로 쓰면 보다 강조하는 느낌이 들죠.

📋 **Do not** use.　사용하지 마시오.
　Do not lean.　기대지 마시오.
　Do not enter.　출입하지 마시오.
　Do not disturb.　방해하지 마시오.

단어

watch 조심하다, 보다
step 발걸음
enjoy 즐기다
weekend 주말
safe 안전한
trip 여행
use 사용하다
lean 기대다
enter 들어가다
disturb 방해하다

 말해 보세요!

❶ _____ **your step.**　발 조심하세요.

❷ **Do not** _____.　기대지 마시오.

❸ _____ **a nice day.**　좋은 하루 되세요.

❹ _____ **a safe trip.**　조심해서 가요.

 정답

① Watch　② lean
③ Have　④ Have

Dana
I'm so hungry.
Let's eat out tonight.

Jina
No. Let's order in.

Dana
Okay. What about Chinese food?

Jina
No, not Chinese food again.

Dana
Alright, you pick the menu today.

Jina
I want pizza!
Please call the new pizza place.

Dana
Great choice.

다나	완전 배고프다.
	오늘 저녁은 외식하자.
지나	싫어. 배달시켜 먹자.
다나	좋아. 중국 음식은 어때?
지나	아니, 또 중국 음식은 싫어.
다나	알았어. 오늘 메뉴는 언니가 골라.
지나	난 피자!
	새로 생긴 피자 가게에 전화해 줘.
다나	좋은 선택이야.

❶ Let's order in.
order는 '주문하다'라는 뜻인데 in과 붙여 쓰면 '배달시켜 먹다'라는 의미가 됩니다.

❷ What about Chinese food?
What about ~?은 '~은 어때?'라고 상대방의 의견을 묻는 표현입니다.

❸ You pick the menu today.
pick은 '~을 집다' 또는 '고르다'라는 의미입니다. 위의 문장은 '오늘은 네가 메뉴를 골라'라는 뜻입니다.

❹ pizza place
우리말의 피자 가게, 일식집, 중국집처럼 어떤 식당을 칭할 때 place(장소)라는 단어를 씁니다. 예를 들어 '중국집'은 영어로 Chinese place라고 할 수 있습니다.

🎧 MP3 17-11

Don't be nice to him.
그한테 잘해 주지 마.

Don't be a fool.
바보같이 굴지 마.

Please stop!
그만하세요!

Enjoy your vacation.
휴가 잘 보내세요.

Do not cross.
건너지 마시오.

Do not run.
뛰지 마시오.

1 다음 문장의 뜻에 맞도록 빈칸에 들어갈 말을 고르세요.

1 _____ study together. 우리 같이 공부하자.

① Don't   ② Be   ③ Let's   ④ Please

2 Be _____. 조심해.

① quiet   ② careful   ③ patient   ④ tired

3 Don't be _____. 무례하게 굴지 마.

① angry   ② happy   ③ proud   ④ rude

2 다음 중 문법적으로 맞는 문장을 고르세요.

① Do patient.   ② Doesn't worry about it.
③ Please watch out!   ④ Let's me know.

3 다음 중 <u>틀린</u> 문장을 고르세요.

① Don't touch it.   ② Hurry up.
③ Let's eat out tonight.   ④ Has a nice day.

Day 18

Is there a bank near here?

이 근처에 은행이 있나요?

월　　　일

HOLLYWOOD

WELCOME
LAS VEGAS

MP3와 강의를 들어 보세요

공부 순서

| 동영상 강의 | 본책 | 복습용 동영상 |
| 단어장 | 단어 암기 동영상 |

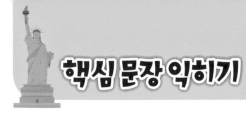

🎧 MP3 18-01 들어 보기　🎙 MP3 18-02 회화 훈련

1

Is there a bank near here?
이 근처에 은행이 있나요?

⭐ Is there ~ near here? 이 근처에 ~가 있나요?

There is a subway station near here(이 근처에 지하철역이 있어요)와 같이 There is로 시작하는 문장은 '어디에 무엇이 있다'라는 의미로 사용됩니다. There 와 is의 순서만 바꿔서 Is there a subway station near here?라고 하면 '이 근처에 지하철역이 있나요?'라는 의문문이 됩니다. 이 패턴의 문장을 사용해서 주변에 어떤 장소가 있는지 물어볼 수 있습니다.

예) **Is there** a supermarket **near here**? 이 근처에 슈퍼마켓이 있나요?
Is there a bus stop **near here**? 이 근처에 버스 정류장이 있나요?

⭐ Where is the nearest ~? 가장 가까운 ~은 어디에 있나요?

'가까운'이라는 뜻의 near를 '가장 가까운'이라는 뜻의 nearest로 바꿔서 Where is the nearest ~?라는 문장을 만들 수 있습니다. 이때 nearest 앞에는 반드시 the를 붙여야 합니다.

예) **Where is the nearest** convenience store?
가장 가까운 편의점은 어디인가요?
Where is the nearest drug store?
가장 가까운 약국은 어디인가요?

🚕 왕초보 탈출 팁

near here(이 근처에)에서 here 대신에 다른 장소를 쓰면 '그 장소 주변에'라는 뜻이 됩니다.

 예) Is there a parking lot **near the restaurant**?
그 식당 근처에 주차장이 있나요?

🏠 단어

bank 은행
near 가까이, 가까운
subway station 지하철역
supermarket 슈퍼마켓
bus stop 버스 정류장
convenience store
　편의점
drug store 약국
parking lot 주차장

말해 보세요!

❶ Is there a _____ near here?
이 근처에 은행이 있나요?

❷ Where is the nearest _____?
가장 가까운 슈퍼마켓은 어디인가요?

정답

① bank
② supermarket

② I'm looking for a bus stop.

버스 정류장을 찾고 있어요.

★ 길 묻기

동사 look과 전치사 for가 함께 쓰이면 '~을 찾다'라는 의미가 됩니다. 위의 핵심문장처럼 현재진행형으로 쓰면 '나는 ~을 찾고 있어요'라는 뜻으로, 길을 물어볼 때 사용할 수 있습니다. 이밖에도 How do I get to ~?라는 표현으로도 길을 물을 수 있습니다. 직역하면 '제가 ~로 어떻게 가나요?'라는 뜻입니다.

 I'm looking for a gas station.　주유소를 찾고 있어요.
I'm looking for a pharmacy.　약국을 찾고 있어요.
How do I get to Victoria Mall?　빅토리아 몰은 어떻게 가나요?
How do I get to the train station?　기차역은 어떻게 가나요?

★ 거리 물어보기

걸어갈 수 있는 거리인지 대중교통을 타야 하는 거리인지 물으려면 Can I walk ~? 나 How far ~?를 활용하면 됩니다. Can I walk ~?는 목적지까지 걸어갈 수 있는지 묻는 표현이고, How far ~?는 목적지까지 얼마나 먼지를 묻는 표현입니다.

 Can I walk to the mall?　몰까지 걸어갈 수 있나요?
Can I walk there?　거기까지 걸어갈 수 있나요?
How far is it?　얼마나 먼가요?

🗽 말해 보세요!

❶ I'm _____ for a drug store.　약국을 찾고 있어요.

❷ How do I get to the _____?　은행은 어떻게 가나요?

❸ Can I _____ there?　거기까지 걸어갈 수 있나요?

❹ How _____ is it?　얼마나 먼가요?

🚕 **왕초보 탈출 팁**

get to는 '~에 가다', '~에 도착하다'라는 뜻으로, look for처럼 두 단어가 항상 함께 쓰이는 표현입니다.

 단어

look for ~을 찾다, 찾아보다
gas station 주유소
pharmacy 약국
get to ~에 가다, 도착하다
mall 쇼핑몰
train station 기차역
far 먼

 정답

① looking ② bank
③ walk ④ far

3

🎧 MP3 18-05 들어 보기   🎙 MP3 18-06 회화 훈련

Go straight ahead.
쪽 직진하세요.

★ 길 안내하기

길을 알려 줄 때는 아래와 같은 표현을 활용할 수 있습니다.

예 **Go straight** and **turn left** at the first corner.
직진하다가 첫 번째 코너에서 왼쪽으로 꺾으세요.

The drug store is **between** the coffee shop **and** the bakery.
약국은 커피숍과 제과점 사이에 있어요.

The library is **next to** the drug store.   도서관은 약국 옆에 있어요.
You will see a bank **on the right**.   오른쪽에 은행이 보일 거예요.

★ 말로 표현이 어려울 때

상대방이 영어로 길을 물었는데 그 장소의 위치는 알지만 말로 설명하기 힘든 경우에는 아래와 같이 말할 수 있습니다.

약도 그려 주기	예 I'll draw you a map. 약도를 그려 드릴게요.
따라오라고 말하기	예 Come with me. 따라오세요.
데려다주기	예 I can walk you there. 걸어서 데려다드릴게요.

 단어

straight 쪽, 똑바로
ahead 앞으로
turn 돌다
left 왼쪽, 왼쪽으로
corner 코너, 모퉁이
between A and B A와 B 사이에
bakery 제과점
library 도서관
next to ~ 옆에
right 오른쪽, 오른쪽으로
draw 그리다
map 지도

 말해 보세요!

❶ **Go** _____ **ahead.**   쪽 직진하세요.

❷ **It is** _____ **to the bank.**   그건 은행 옆에 있어요.

❸ **I'll** _____ **you a map.**   지도를 그려 드릴게요.

❹ **Come** _____ **me.**   따라오세요.

정답

① straight
② next
③ draw
④ with

🎧 MP3 18-07 들어 보기　🎤 MP3 18-08 회화 훈련

4

I'm lost. Please help me.

길을 잃었어요. 도와주세요.

★ 길을 잃었을 때

길을 잃었을 때 유용한 표현들을 미리 알아 두면 비상시 도움을 청할 수 있습니다. 도움을 받았을 땐 Thank you so much(정말 고마워요)라고 고마움을 표현해 보세요.

말을 걸 때	📢 **Excuse me.**　실례합니다.
길을 잃었을 때	📢 **I think I'm lost.**　제가 길을 잃은 것 같아요.
길을 물을 때	📢 **How can I get to the ABC hotel?** ABC 호텔까지 어떻게 가죠?

★ 나도 길을 모를 때

누군가 길을 물었는데 몰라서 대답하기 어려울 때는 다음과 같이 말하면 됩니다.

📢 **I'm a stranger here, too.**　저도 여기는 처음 왔어요.
I'm new here, too.　저도 여기는 처음이에요.
I'm not sure.　잘 모르겠네요.
Sorry I can't help you.　도와주지 못해 미안해요.

 왕초보 탈출 팁

어떤 말을 할 때 I think(나는 ~라고 생각해)를 앞에 붙이면 '~한 것 같아'라는 뜻이 됩니다.

 왕초보 탈출 팁

stranger는 '낯선 사람', '이방인'이라는 뜻입니다. 따라서 I'm a stranger here, too는 '나도 이곳이 낯설다', 즉 처음 왔거나 잘 모르는 곳이라는 뜻이 됩니다. new(새로운)를 활용한 I'm new here, too도 이와 비슷하게 '나도 이곳이 새로워서 익숙하지 않다'라는 뜻입니다.

 단어

lost 길을 잃은
think 생각하다
hotel 호텔
stranger 낯선 사람, 이방인
too ~도

 말해 보세요!

❶ **I think I'm _____.**　길을 잃은 것 같아요.

❷ **_____ help me.**　도와주세요.

❸ **I'm a _____ here, too.**　저도 여기는 처음이에요.

❹ **I'm not _____.**　잘 모르겠네요.

정답

① lost　② Please
③ stranger　④ sure

Excuse me.

I'm looking for a supermarket.

I'm a stranger here, too.
Jina, do you know where it is?

Yes, there's one nearby.

Can I walk there?

Yes. It's a five-minute walk.
Go straight two blocks and it's on the left.
You can't miss it.

Thank you so much.

단어

Excuse me 실례합니다   look for ~을 찾다, 찾아보다   stranger 낯선 사람, 이방인
nearby 근처에   five-minute 5분 걸리는   walk 걷다, (도보) 거리
go straight 직진하다   on the left 왼쪽에, 왼편에   miss 놓치다

194

아론	실례합니다. 슈퍼마켓을 찾고 있는데요.
신시아	저도 여기는 처음이라서요. 지나야, 너 어디 있는지 알아?
지나	네, 근처에 하나 있어요.
아론	걸어갈 수 있나요?
지나	네. 걸어서 5분 거리예요. 여기서 두 블록 직진하면 왼쪽에 있어요. 아주 찾기 쉬워요.
아론	정말 감사합니다.

❶ There's one nearby.
near here 외에 nearby로도 '근처에'를 표현할 수 있습니다. 또한 여기서 one은 '하나'라는 뜻이 아니라 앞에 나왔던 supermarket을 대신하여 사용된 대명사입니다.

❷ It's a five-minute walk.
영어에서 -(하이픈) 기호는 두 개의 단어를 하나로 합칠 때 사용합니다. 또한 여기서 walk는 '걷다'라는 동사가 아니라 '도보 가능한 거리'라는 뜻의 명사로 쓰였습니다. 따라서 five-minute walk라고 하면 '걸어서 5분 거리'를 뜻합니다.

❸ You can't miss it.
직역하면 '그걸 놓칠 수 없을 거예요'라는 뜻으로, '(찾기가) 아주 쉬워요'라는 의미로 쓰입니다. 자주 쓰이는 표현이니 기억해 두세요.

🎧 MP3 18-11

Is there a hospital near here?

이 근처에 병원이 있나요?

You will see the museum next to the movie theater.

영화관 옆에 박물관이 보일 거예요.

I'm looking for a bus stop. Can you help me?

버스 정류장을 찾고 있습니다.
도와주시겠어요?

How far is it from here to the airport?

여기서 공항까지는 얼마나 먼가요?

Where is the nearest subway station?

가장 가까운 지하철역은 어디인가요?

How can I get to the city hall?

시청은 어떻게 가나요?

1 다음 문장의 뜻에 맞도록 빈칸에 들어갈 말을 고르세요.

1 Is there a _____ near here? 이 근처에 버스 정류장이 있나요?

① subway   ② bus   ③ bus stop   ④ train station

2 Where is the _____ gas station? 가장 가까운 주유소는 어디인가요?

① near   ② near here   ③ nearest   ④ nearing

2 다음 중 문법적으로 맞는 문장을 고르세요.

① How do I get the subway station?

② Where is nearest bank?

③ Sorry, I'm not sure.

④ I lost. Please help.

3 다음 지도를 보고 현재 위치(붉은 원)에서 약국으로 가는 길을 설명해 보세요.

Go _____ and turn _____ at the _____ corner.

The pharmacy is _____ the cafe and the bakery.

핵심 문법
요점 노트

 **인칭대명사**

사람을 구체적인 이름 등으로 부르지 않고 '너', '그'와 같이 지칭하는 말을 인칭대명사라 합니다. 인칭대명사는 문장 속에서 어떤 의미로 쓰이느냐에 따라 아래 표와 같이 주격, 목적격, 소유격으로 형태가 달라집니다.

인칭	단/복수	주격	목적격	소유격
1인칭	단수	I 나	me 나에게/나를	my 나의
	복수	we 우리	us 우리에게/우리를	our 우리의
2인칭	단수	you 너	you 너에게/너를	your 너의
	복수	you 너희	you 너희에게/너희를	your 너희들의
3인칭	단수	he 그	him 그에게/그를	his 그의
		she 그녀	her 그녀에게/그녀를	her 그녀의
		it 그것	it 그것에게/그것을	its 그것의
	복수	they 그들	them 그들에게/그들을	their 그들의

예 I am sad.　나는 슬퍼. (주격 인칭대명사 I)

　You are American.　너는 미국인이야. (주격 인칭대명사 you)

　It is my bag.　이것은 내 가방이야. (주격 인칭대명사 it, 소유격 인칭대명사 my)

　I love you.　나는 너를 사랑해. (주격 인칭대명사 I, 목적격 인칭대명사 you)

　He is sick.　그는 아파. (주격 인칭대명사 he)

위의 예문에서와 같이 주격 인칭대명사는 문장의 주체가 되는 주어로, 목적격은 어떤 행동의 대상이 되는 목적어로, 소유격은 '~의'라는 소유의 의미로 사용됩니다. 주격 인칭대명사(주어) 뒤에 동사(주어의 상태나 움직임을 나타내는 말)를 연결하면 문장이 됩니다.

★ be동사

영어에는 크게 두 가지 종류의 동사가 있습니다. 첫 번째는 I am sad, You are American, He is sick에서 am/are/is에 해당하는 be동사입니다. be동사는 '~이다'라는 의미이며, 주어의 인칭에 따라 모양이 달라집니다.

인칭	단/복수	주어	be동사
1인칭	단수	I	am
	복수	we	are
2인칭	단수	you	are
	복수	you	are
3인칭	단수	he	is
		she	is
		it	is
	복수	they	are

★ 일반동사

'~이다'라는 뜻을 가진 be동사 외에 love(사랑하다), like(좋아하다), eat(먹다)과 같은 동사들을 '일반동사'라고 합니다. 일반동사도 인칭에 따라 모양이 달라지기는 하지만 주어가 3인칭이면서 단수일 때로만 한정됩니다. 주어가 3인칭 단수인 경우 아래 표와 같이 동사의 맨 뒤에 s를 붙입니다.

인칭	단/복수	주어	일반동사
1인칭	단수	I	like
	복수	we	like
2인칭	단수	you	like
	복수	you	like
3인칭	단수	he	likes
		she	likes
		it	likes
	복수	they	like

★ 주어가 3인칭 단수일 때 일반동사의 변화 211쪽

★ 조동사

can(~할 수 있다), will(~할 것이다), should(~해야 한다), must(반드시 ~해야 한다) 등 다른 동사 앞에서 보조적 역할을 하는 동사들을 조동사라 합니다. 조동사는 주어가 3인칭 단수여도 뒤에 s를 붙이지 않으며, 조동사의 뒤에는 반드시 동사원형을 써야 합니다.

can	예 She can do it. 그녀는 할 수 있어.
will	예 I will study hard. 나는 열심히 공부할 거야.
should	예 You should stop smoking. 너는 담배를 끊어야 해.
must	예 You must remember this. 너 이건 꼭 기억해야 해.

문장의 구성

영어에서 완전한 문장이 되기 위해서는 기본적으로 주어와 동사가 필요합니다. 그 외에 여러 가지 문장 요소를 첨가하여 다양한 표현을 만들 수 있습니다.

★ 주어+동사

주어와 동사만으로도 문장을 구성할 수 있습니다. 주격 인칭대명사(주어)와 상태/동작을 나타내는 동사로만 이루어진 가장 기본적인 문장 형태입니다.

주어	동사
She 그녀는	sleeps. 잔다
We 우리는	walked. 걸었다
They 그들은	laughed. 웃었다

추가로 꾸며 주는 말을 붙여서 We walked in the park(우리는 공원에서 걸었다)나 They laughed hard(그들은 심하게 웃었다)처럼 보다 구체적인 문장을 만들 수도 있습니다.

★ 주어+동사+보어

주어와 동사에 동사를 보충 설명하는 보어를 붙여서 문장을 만들 수 있습니다. '주어+be동사+명사/형용사' 형태의 문장들이 이에 해당합니다. 또한 영어에서는 '나는 피곤하다'에서 '～다'에 해당하는 동사가 문장의 끝이 아니라 주어 바로 뒤에 온다는 점에 주의하세요.

주어	동사	보어
I 나는	am ～이다	tired. 피곤한
She 그녀는	looks ～처럼 보이다	beautiful. 아름다운
He 그는	is ～이다	a teacher. 선생님

★ 주어+동사+목적어

주어와 동사 뒤에 '～을/를'에 해당하는 목적어를 붙여 '[주어]는 [목적어]를 [동사]한다'는 의미의 문장을 만들 수 있습니다. 이때 목적어 자리에 인칭대명사가 오는 경우 반드시 목적격을 사용합니다.

주어	동사	목적어
I 나는	like 좋아한다	him. 그를
We 우리는	took 탔다	the bus. 버스를
They 그들은	watch 본다	TV. TV를

부정문 만들기

not(~이 아닌)이라는 단어를 활용하여 '~하지 않는다' 또는 '~이 아니다'와 같은 부정문을 만들 수 있습니다.

★ be동사의 부정문 만들기 – 현재형

주어에 맞게 be동사를 현재형(am/are/is)으로 바꾸고 그 뒤에 not을 붙입니다.

긍정문	부정문	부정문의 의미
I am Korean.	I am not Korean.	나는 한국인이 아니다.
You are American.	You are not American.	너는 미국인이 아니다.
He is busy.	He is not busy.	그는 바쁘지 않아.
We are sad.	We are not sad.	우리는 슬프지 않아.
You are young.	You are not young.	너희들은 어리지 않아.
They are kind.	They are not kind.	그들은 친절하지 않아.

★ be동사의 부정문 만들기 – 과거형

주어에 맞게 be동사를 과거형(was/were)으로 바꾸고 그 뒤에 not을 붙입니다.

긍정문	부정문	부정문의 의미
I was sick.	I was not sick.	나는 아프지 않았어.
You were busy.	You were not busy.	너는 바쁘지 않았어.
She was a student.	She was not a student.	그녀는 학생이 아니었어.
We were hungry.	We were not hungry.	우리는 배고프지 않았어.
They were Canadian.	They were not Canadian.	그들은 캐나다인이 아니었어.

★ 실제로 쓰거나 말할 때에는 축약형을 더 많이 사용합니다.

· is+not=isn't   · are+not=aren't
· was+not=wasn't   · were+not=weren't

★ 일반동사의 부정문 만들기

바로 뒤에 not만 붙이면 되는 be동사의 부정문과는 달리 일반동사에는 do동사를 사용하여 부정문을 만듭니다. 원래 있던 동사의 앞에 do와 not을 붙이는 것이지요. 이때 do not은 대부분 줄여서 don't라는 축약형으로 씁니다. 단, 주어가 3인칭 단수 he/she/it인 경우 does not(doesn't)를 사용해야 합니다.

긍정문	부정문	부정문의 의미
I like pizza.	I don't like pizza.	나는 피자를 좋아하지 않아.
You play baseball.	You don't play baseball.	너는 야구를 하지 않아.
She takes the bus.	She doesn't take the bus.	그녀는 버스를 타지 않아.
We go to the library.	We don't go to the library.	우리는 도서관에 가지 않아.
You work everyday.	You don't work everyday.	너희는 매일 일하지 않아.
They fight.	They don't fight.	그들은 싸우지 않아.

★ 조동사의 부정문 만들기

조동사의 바로 뒤에 not을 붙이면 부정문이 됩니다. 이때에도 보통 not을 n't로 줄인 축약형을 더 많이 사용합니다.
(will+not=won't/can+not=can't/should+not=shouldn't/must+not=mustn't)

긍정문	부정문	부정문의 의미
I will go to the gym.	I won't go to the gym.	나는 운동 안 갈 거야.
You can play the piano.	You can't play the piano.	너는 피아노를 못 쳐.
He should go to the doctor.	He shouldn't go to the doctor.	그는 병원에 가면 안 돼.
You must go.	You mustn't go.	너는 가면 안 돼.

★ be동사의 의문문 만들기

be동사의 의문문을 만들 때에는 be동사를 문장의 맨 앞으로 옮깁니다.

평서문	의문문	의문문의 의미
I am right.	Am I right?	내가 맞아?(= 내 말이 맞아?)
You are Chinese.	Are you Chinese?	너는 중국인이니?
She is a teacher.	Is she a teacher?	그녀는 선생님이야?
He was tall.	Was he tall?	그가 키가 컸었어?
You were cold.	Were you cold?	너희들 추웠니?
They were strong.	Were they strong?	그들은 힘이 셌었어?

★ be동사 의문문에 대답하기

긍정적인 답변을 할 때에는 'Yes, 주어+be동사', 부정적인 답변을 할 때에는 'No, 주어+be동사+not'으로 말합니다. 이때 질문이 현재형이면 답할 때도 현재형으로 답하고, 질문이 과거형이면 답할 때도 과거형으로 답합니다. 주의할 점은 긍정형으로 답할 때는 '주어+be동사' 부분을 Yes, I'm이나 Yes, she's처럼 줄여 쓰지 않는다는 점입니다. 그러나 부정적으로 답할 때에는 No, she isn't처럼 대개 '주어+동사' 부분을 축약형으로 씁니다.

질문	대답
Am I right? 내가 맞아?(= 내 말이 맞아?)	Yes, you are. 그래, 맞아. No, you aren't. 아니, 맞지 않아.
Are you Chinese? 너는 중국인이니?	Yes, I am. 응, 맞아. No, I'm not. 아니, 아니야.
Is she a teacher? 그녀는 선생님이야?	Yes, she is. 응, 맞아. No, she isn't. 아니, 아니야.
Was he tall? 그가 키가 컸었어?	Yes, he was. 응, 그랬어. No, he wasn't. 아니, 아니었어.
Were you cold? 너희들 추웠니?	Yes, we were. 응, 그랬어. No, we weren't. 아니, 아니었어.
Were they strong? 그들은 힘이 셌었어?	Yes, they were. 응, 그랬어. No, they weren't. 아니, 아니었어.

★ 일반동사의 의문문 만들기

일반동사의 의문문은 부정문과 마찬가지로 do를 필요로 합니다. do를 문장 맨 앞에 놓으면 의문문이 되지요. 단, 주어가 3인칭 단수일 때에는 does를 사용해야 합니다.

평서문	의문문	의문문의 의미
I like her.	Do I like her?	내가 그녀를 좋아하나?
You play golf.	Do you play golf?	너 골프 치니?
She studies English.	Does she study English?	그녀는 영어를 공부하니?
We take the train.	Do we take the train?	우리 기차 타나?
You watch TV.	Do you watch TV?	너희들은 TV를 보니?
They enjoy music.	Do they enjoy music?	그들은 음악을 좋아해?

★ 일반동사 의문문에 답하기

긍정의 답변을 할 때에는 'Yes, 주어+do', 부정적인 답을 할 때에는 'No, 주어+don't'로 말합니다. 주어가 3인칭 단수인 경우에는 'Yes, 주어+does' 또는 'No, 주어+doesn't'로 대답합니다. 부정형 답변인 경우에는 주로 축약형 (don't/doesn't)을 사용합니다.

질문	대답
Do I like her? 내가 그녀를 좋아하나?	Yes, you do. 응, 맞아. No, you don't. 아니, 아니야.
Do you play golf? 너 골프 치니?	Yes, I do. 응, 쳐. No, I don't. 아니, 안 쳐.
Does she study English? 그녀는 영어를 공부하니?	Yes, she does. 응, 맞아. No, she doesn't. 아니, 아니야.
Do we take the train? 우리 기차 타나?	Yes, we do. 응, 타. No, we don't. 아니, 안 타.
Do you watch TV? 너희들은 TV를 보니?	Yes, we do. 응, 봐. No, we don't. 아니, 안 봐.
Do they enjoy music? 그들은 음악을 좋아해?	Yes, they do. 응, 좋아해. No, they don't. 아니, 안 좋아해.

★ 조동사의 의문문 만들기

조동사를 문장의 맨 앞에 두면 의문문이 됩니다.

평서문	의문문	의문문의 의미
He will wait.	Will he wait?	그가 기다릴까?
You can cook.	Can you cook?	너 요리할 줄 알아?
I should hurry up.	Should I hurry up?	나 서둘러야 돼?
We must leave.	Must we leave?	우리 떠나야 해?

★ 조동사 의문문에 답하기

긍정적으로 답할 때에는 'Yes, 주어+조동사', 부정적 답변을 할 때에는 'No, 주어+조동사+not'으로 말하면 됩니다.
이때에도 부정적 답변의 경우는 축약형을 사용하는 것이 더 자연스럽습니다.
should나 must를 사용한 질문에 대해 부정적 답변으로 shouldn't나 mustn't를 쓰면 '하면 안 돼'라는 강한 금지
의 뜻이 됩니다. '안 해도 돼' 또는 '괜찮아' 정도의 답변을 하고 싶다면 No, you don't have to(아니, 안 해도 괜찮아)나
No, it's okay(아니야, 괜찮아)라는 표현을 사용하세요.

질문	대답
Will he wait? 그가 기다릴까?	Yes, he will. 응, 그럴 거야. No, he won't. 아니, 아닐걸.
Can you cook? 너 요리할 줄 알아?	Yes, I can. 응, 할 줄 알아. No, I can't. 아니, 못해.
Should I hurry up? 나 서둘러야 돼?	Yes, you should. 응, 그래야지. No, you don't have to. 아니, 안 그래도 돼.
Must we leave? 우리 떠나야 해?	Yes, we must. 응, 그래야 해. No, it's okay. 아니, 괜찮아.

★조동사는 단독으로는 사용할 수 없는 보조적 동사이지만, Can you cook?과 같은 의문문에 답할 때에는 앞서 말한 부분은 생략하고 간
단히 Yes, I can (cook) 또는 No, I can't (cook)로 대답할 수 있습니다.

 **지시대명사**

지시대명사는 사물을 가리킬 때뿐 아니라 사람을 지칭할 때도 사용될 수 있습니다.

가까이 있는 사람/사물		멀리 있는 사람/사물	
단수	복수	단수	복수
this 이것, 이 사람	**these** 이것들, 이 사람들	**that** 저것, 저 사람	**those** 저것들, 저 사람들

예 This **is her dog.** 이건 그녀의 개야.

These **are his friends.** 저 사람들은 그의 친구야.

 **지시형용사**

this/that/these/those는 명사의 앞에서 '이 ~/저 ~'의 뜻으로 대상을 가리키는 지시형용사로 쓸 수도 있습니다.

가까이 있는 사람/사물		멀리 있는 사람/사물	
단수	복수	단수	복수
this bag 이 가방	**these books** 이 책들	**that man** 저 남자	**those cars** 저 자동차들

예 **I know** that man. 나는 저 남자를 알아.

These books **are boring.** 이 책들은 지겨워.

★ 소유격과 소유대명사

my book(나의 책)과 같이 인칭대명사의 소유격에 명사를 더해 '~의 물건'이라고 표현하는 것을 짧게 줄여서 mine(나의 것)이라고 할 수 있습니다. 이처럼 '소유격+명사'를 한 단어로 줄인 것을 소유대명사라고 합니다.

소유격+명사	소유대명사
my book 나의 책	**mine** 나의 것
your pen 너의 펜	**yours** 너의 것
his cat 그의 고양이	**his** 그의 것
her dog 그녀의 개	**hers** 그녀의 것
its toy 그것의 장난감	**its** 그것의 것
our car 우리의 차	**ours** 우리의 것
your bags 너희의 가방들	**yours** 너희의 것
their house 그들의 집	**theirs** 그들의 것

★ 아포스트로피로 소유격 표현하기

사람의 이름이나 명사의 뒤에 아포스트로피(')와 s를 붙이면 '그 사람/그것의 소유'라는 뜻이 됩니다. 원래부터 s로 끝나는 명사의 경우 중복을 피하기 위해 아포스트로피만 찍기도 하는데, 기본 원칙대로 's를 붙여도 됩니다. 그러나 어떤 명사에 s를 붙인 복수형인 경우 뒤에 따로 s를 더 붙이지 않고 아포스트로피만 붙여서 소유격을 표시합니다. 하지만 children(아이들)이나 people(사람들)처럼 예외적 복수형의 경우 원칙대로 's를 붙여 줍니다.

유형	's	의미
사람 이름's	**Mary's bag**	메리의 가방
명사's	**my brother's car**	내 남동생의 차
s로 끝나는 명사	**Thomas's house** **Thomas' house**	토마스의 집
복수형인 경우	**teachers' room**	교사실
복수형 예외	**children's book**	아이들의 책

210

주어가 3인칭 단수일 때 일반동사의 변화

주어가 3인칭 단수인 경우 동사의 뒤에 s를 붙인다는 점을 배웠습니다. 그런데 단어의 유형에 따라 어떤 경우에는 s가 아니라 es를 붙이거나 ies를 붙이기도 합니다.

★ 기본 변화: 동사의 뒤에 s를 붙임

원형	주어가 3인칭 단수일 때
I take the subway. 나는 지하철을 타.	She takes the subway. 그녀는 지하철을 타.
We read books. 우리는 책을 읽어.	He reads books. 그는 책을 읽어.

★ o/sh/ch/s/x로 끝나는 동사: 뒤에 es를 붙임

유형	원형	주어가 3인칭 단수일 때	의미
o로 끝나는 동사	go	goes	가다
	do	does	하다
sh로 끝나는 동사	wash	washes	씻다
	wish	wishes	소망하다
	push	pushes	밀다
	brush	brushes	빗다, 닦다
ch로 끝나는 동사	catch	catches	잡다
	teach	teaches	가르치다
	watch	watches	보다
	search	searches	찾다, 검색하다
	scratch	scratches	긁다
s로 끝나는 동사	pass	passes	지나가다
	cross	crosses	건너다
	kiss	kisses	뽀뽀하다
	miss	misses	그리워하다, 놓치다
x로 끝나는 동사	fix	fixes	고치다
	mix	mixes	섞다

예 She goes to school every day. 그녀는 매일 학교에 가.
He washes his hands. 그는 손을 씻어.
She teaches math at school. 그녀는 학교에서 수학을 가르쳐.
He misses his mother so much. 그는 엄마를 매우 그리워해.

★ 자음+y로 끝나는 동사: y를 지우고 ies를 붙임

유형	원형	주어가 3인칭 단수일 때	의미
자음+y로 끝나는 동사	cry	cries	울다
	try	tries	노력하다, 시도하다
	study	studies	공부하다
	worry	worries	걱정하다
	carry	carries	들다, 운반하다
	fly	flies	날다

예 He worries about her. 그는 그녀에 대해 걱정한다.
The car carries only three people. 그 차는 세 명만 탈 수 있다.

조동사

조동사	의미	예문
can	능력	예 I can swim. 나는 수영을 할 수 있어. I can't play tennis. 나는 테니스를 못 쳐.
	허락	예 Can you help me? 나 좀 도와줄래?
will	예정	예 I will wash the dishes. 나는 설거지를 할 거야. I won't do the laundry. 나는 빨래하지 않을 거야.
should	권장/조언	예 You should exercise. 너는 운동을 해야 해.
would	공손한 요청	예 I'd like to ask a question. 질문 하나 하고 싶어요. Would you like to order? 주문하시겠습니까?
could	공손한 요청	예 Could you do me a favor? 부탁 하나 들어주시겠어요?
must	강한 명령	예 You must finish your homework. 너는 숙제를 끝내야 해.

★ 현재진행형과 과거진행형

현재진행형은 지금 말하고 있는 시점에 일어나고 있는 일을 말할 때 사용하는 시제입니다. 과거진행형은 어제 저녁 여섯시, 그저께 아침 등 과거의 특정한 시간에 일어나고 있었던 일을 설명할 때 쓰는 시제입니다. 현재진행형은 'be동사 현재형+일반동사ing' 형태로 만들고, 과거진행형은 'be동사 과거형+일반동사ing' 형태로 만듭니다.

시제	주어	be동사	일반동사ing	(목적어)	의미
현재	I	am	working.		나는 일하고 있어.
	You	are	reading	a book.	너는 책을 읽고 있어.
	She	is	sleeping.		그녀는 자고 있어.
과거	He	was	watching	TV.	그는 TV를 보고 있었어.
	They	were	having	lunch.	그들은 점심을 먹고 있었어.
	It	was	raining.		비가 오고 있었어.

★ 진행형 부정문

부정문을 만들 때에는 be동사와 일반동사 사이에 not을 넣습니다. 이때 축약형을 사용하는 경우가 많습니다.

긍정문	부정문	부정문의 의미
I'm studying English.	I'm not studying English.	나는 영어를 공부하고 있지 않아.
You're crying.	You're not crying. You aren't crying.	너는 울고 있지 않아.
He is drinking.	He's not drinking. He isn't drinking.	그는 술 마시고 있지 않아.
She was taking a picture.	She wasn't taking a picture.	그녀는 사진을 찍고 있지 않았어.
They were having dinner.	They weren't having dinner.	그들은 저녁을 먹고 있지 않았어.
It was snowing.	It wasn't snowing.	눈이 오고 있지 않았어.

★ 진행형 의문문 만들기

진행형 의문문을 만들 때에는 be동사 부분만 문장의 맨 앞으로 옮기고 일반동사ing 부분은 그대로 두면 됩니다.

평서문	의문문	의문문의 의미
You are working.	Are you working?	너 일하고 있어?
He is watching TV.	Is he watching TV?	그는 TV 보고 있어?
They are studying Chinese.	Are they studying Chinese?	그들은 중국어를 공부하고 있어?
It was raining.	Was it raining?	비 오고 있었어?
You were having lunch.	Were you having lunch?	너희들 점심 먹고 있었어?

★ 진행형 의문문에 답하기

긍정의 대답은 'Yes, 주어+be동사'를, 부정의 대답은 'No, 주어+be동사+not'을 쓰면 됩니다. 이때 부정형 대답의 경우 주로 축약형을 사용합니다.

질문	대답
Are you working? 너 일하고 있어?	Yes, I am. 응, 그래. No, I'm not. 아니, 아니야.
Is he sleeping? 그는 자고 있어?	Yes, he is. 응, 맞아. No, he isn't. 아니, 아니야.
Are they dancing? 그들은 춤추고 있어?	Yes, they are. 응, 그래. No, they aren't. 아니, 아니야.
Was it raining? 비가 오고 있었어?	Yes, it was. 응, 그랬어. No, it wasn't. 아니, 아니야.
Were you drinking? 너희들 술 마시고 있었어?	Yes, we were. 응, 맞아. No, we weren't. 아니, 아니야.

 **명령문과 청유문**

상대방에게 '~해/하세요'라고 명령하거나 요청하는 명령문은 항상 동사원형으로 시작합니다. 일반동사가 사용된 문장인 경우 일반동사로, be동사가 사용된 문장인 경우는 am/are/is 대신 원형인 be로 시작하면 됩니다. 반대로 '~하지 마/하지 마세요'라고 금지하는 명령문은 긍정 명령문에 Don't만 붙이면 됩니다. '~하자/합시다'라는 의미의 청유문의 경우 Let us의 축약형인 Let's 뒤에 동사원형을 쓰면 됩니다.

Be+형용사	예 Be careful. 조심해.
동사원형	예 Hurry up. 서둘러.
Don't+be+형용사 Don't+동사원형	예 Don't be late. 늦지 마. Don't open it. 그거 열지 마.
Let's+동사원형	예 Let's start. 시작하자.

 **현재완료**

현재완료는 과거에 내가 겪었던 일, 했던 일 등 경험에 대해 설명하거나 과거의 어떤 시점에서 지금까지 쭉 이어져 오는 행동에 대해 이야기할 때 사용하는 시제입니다. 현재완료형은 '주어+have/has+동사의 과거분사'의 순서로 이루어집니다. 부정문은 have/has와 과거분사 사이에 not을 넣고, 의문문은 원래 평서문 형태에서 have/has만 맨 앞으로 옮기면 됩니다.

★ 불규칙 동사 변화 222쪽

★ 과거의 경험에 대해 말할 때

예 I've been to the U.S. many times. 나 미국에 여러 번 가 봤어.
　 Have you ever seen the show? 그 프로그램 한 번이라도 본 적 있어?
　 They haven't tried Korean food. 그들은 한국 음식을 먹어 본 적이 없어.
　 I have never met him before. 나는 그를 본 적이 한 번도 없어.

★ 의문문에는 ever, 부정문에는 never를 넣어 문장의 의미를 더욱 강조할 수 있습니다.

★ 과거에서 현재까지 지속되는 일에 대해 말할 때

예 She's worked in this bank since 2011. 그녀는 2011년부터 이 은행에서 일했어.
　 We've been friends for 10 years. 우리는 10년째 친구야.
　 How long have you lived here? 여기서 산 지는 얼마나 됐어요?

★ 최근에 끝낸 일에 대해 말할 때

예 **She** has **just** arrived.　그녀는 방금 도착했어.
Mike has **just** called **you.**　마이크가 방금 전에 너에게 전화했었어.
He's already left.　그는 벌써 떠났어.

★ 부정관사 a/an

막연하게 지나가는 자동차 한 대, 의자 하나 등 불특정 다수 중 하나의 대상을 지칭할 때에는 해당 명사 앞에 a를 붙입니다. 또한 직업을 설명할 때에는 관용적으로 직업명 앞에 a/an을 씁니다. 단, 명사가 모음으로 시작할 때에는 a 대신 an을 붙입니다.

불특정한 하나의 대상	예 **There is** a **house.**　집이 한 채 있어.
직업을 말할 때	예 **I'm** a **student.**　나는 학생이야.
모음(a, e, i, o, u) 앞에서는 **an**	예 **He's** an <u>a</u>ctor.　그는 배우야.

★ 정관사 the

상대방과의 대화에서 이미 구체적으로 언급된 대상이나 별도로 언급하지 않아도 당연히 서로 알고 있는 대상인 경우에는 a가 아닌 정관사 the를 씁니다.

반복 언급을 통해 상대방이 인지한 대상	예 **He bought** <u>a car</u>. **The car is fast.**　그는 차를 샀어. 그 차는 빨라.
별도 언급 없이도 대상이 명확한 경우	예 **Please open** the **door.**　문 좀 열어 줘.
자연에 존재하는 유일한 것	예 **He looked at** the **sun.**　그는 태양을 바라봤어. **She landed on** the **moon.**　그녀는 달에 착륙했어. **You're** the **best in** the **world.**　세상에서 네가 최고야.

★ 관사를 쓰지 않는 경우

사람 이름	예 I called Mark. 나는 마크에게 전화했어. Did he like Julie? 그가 줄리를 좋아했어?
나라, 도시 등의 지명	예 I visited Seoul last year. 나는 작년에 서울을 방문했어. She's studying in Italy. 그녀는 이탈리아에서 공부하고 있어.
식사	예 Did you have lunch? 너 점심 먹었니?
일반적인 명사	예 I'd like to drink coffee. 나 커피 마시고 싶어. Be nice to people. 사람들을 친절하게 대해.
스포츠명, 과목명	예 I hate math. 나는 수학을 싫어해. She played tennis on Sunday. 그녀는 일요일에 테니스를 쳤어.

★ 개개인의 사람이나 나라, 도시 등 하나밖에 없는 것들을 일컬어 고유명사라고 합니다. 고유명사의 앞에는 관사를 쓰지 않습니다.

★ 시간에 대한 전치사

작은 개념 ↓ 보다 큰 개념	at/on	시간	예 I had dinner at 7. 나는 7시에 저녁을 먹었다.
		날짜	예 I met him on Monday. 나는 월요일에 그를 만났다.
	in	월/연도	예 She was born in 1993. 그녀는 1993년에 태어났다.

★ 장소/방향에 대한 전치사

in ~에	예 I live in New York. 나는 뉴욕에 살아.
at ~에	예 She sat at the table. 그녀는 테이블에 앉았다.
on ~위에	예 Look at the picture on the wall. 벽에 있는 그림을 보세요.
next to ~옆에	예 His house is next to mine. 그의 집은 우리 집 옆이다.
near ~근처에	예 Is the bus station near here? 버스 정류장이 이 근처인가요?
between ~사이에	예 It's between the school and the park. 그건 학교와 공원 사이에 있어요.

behind ~ 뒤에	예 There's a dog behind the car. 그 차 뒤에 개가 한 마리 있어.
under ~ 아래에	예 The cat is under the bench. 고양이가 벤치 밑에 있다.
over ~ 위에	예 He jumped over the gate. 그는 문 위를 뛰어 넘었다.
above ~ 위에	예 The bird was flying above the clouds. 그 새는 구름 위를 날고 있었다.
across ~ 건너편에	예 She walked across the road. 그녀는 길을 건넜다.
into ~ 안으로	예 He walked into the room. 그는 방 안으로 걸어 들어갔다.
to ~로	예 I go to school at ten. 나는 10시에 학교로 간다.
from ~로부터	예 I carried this bag from the station. 이 가방을 정거장에서부터 들고 왔어.
up ~ 위에	예 The cat is up on the tree. 고양이가 나무 위에 있어.
down ~ 아래에	예 The room is down the stairs. 방은 계단 아래에 있어요.

★ 기타 전치사

with ~와 함께	예 I talked with him. 나는 그와 이야기를 했다.
without ~ 없이	예 We can't win without him. 그가 없으면 이길 수 없어.
about ~에 대해	예 I'm sorry about it. 그거에 대해선 미안해.
of ~의	예 This is a picture of my family. 이건 우리 가족의 사진이야.

의문사

What 무엇	예 What's your name? 당신의 이름은 무엇인가요?
Where 어디	예 Where is my cat? 내 고양이가 어디 있지?
When 언제	예 When is your birthday? 네 생일은 언제야?
Who 누구	예 Who is that man? 저 남자는 누구지?
Why 왜	예 Why is she angry? 그녀는 왜 화가 났어?
Which 어떤 것	예 Which one is yours? 어떤 게 네 거야?
How 얼마나, 어떻게	예 How much is it? 이건 얼마예요? How could you do that? 네가 어떻게 그럴 수가 있어?

숫자 읽기

★ 1~100

1	one	20	twenty
2	two	21	twenty-one
3	three	22	twenty-two
4	four	23	twenty-three
5	five	24	twenty-four
6	six	25	twenty-five
7	seven	26	twenty-six
8	eight	27	twenty-seven
9	nine	28	twenty-eight
10	ten	29	twenty-nine
11	eleven	30	thirty
12	twelve	40	forty
13	thirteen	50	fifty
14	fourteen	60	sixty
15	fifteen	70	seventy
16	sixteen	80	eighty
17	seventeen	90	ninety
18	eighteen	100	one hundred
19	nineteen		

1st	first	17th	seventeenth
2nd	second	18th	eighteenth
3rd	third	19th	nineteenth
4th	fourth	20th	twentieth
5th	fifth	21st	twenty-first
6th	sixth	22nd	twenty-second
7th	seventh	23rd	twenty-third
8th	eighth	24th	twenty-fourth
9th	ninth	25th	twenty-fifth
10th	tenth	26th	twenty-sixth
11th	eleventh	27th	twenty-seventh
12th	twelfth	28th	twenty-eighth
13th	thirteenth	29th	twenty-ninth
14th	fourteenth	30th	thirtieth
15th	fifteenth	40th	fortieth
16th	sixteenth	100th	one hundredth

★ 큰 수 읽기

1,000	천	one thousand
10,000	만	ten thousand
100,000	십만	one hundred thousand
1,000,000	백만	one million
10,000,000	천만	ten million
100,000,000	억	one hundred million
1,000,000,000	십억	one billion

 시간 말하기

시계는 기본적으로 기수를 사용하여 읽습니다.

★ 정각

정각일 때에는 '기수+o'clock'이라고 합니다. 예를 들어 3시는 three o'clock, 10시는 ten o'clock이 됩니다.

예 **6:00**

A: **What time is it?** 지금 몇 시야?
B: **It's** six o'clock. 6시야.

★ 15분

15분을 fifteen 대신 quarter(4분의 1)라고 말할 수도 있습니다. 한 시간의 4분의 1은 15분이기 때문입니다.

예 **1:15**

A: **What time is it?** 지금 몇 시야?
B: **It's** one fifteen. 1시 15분이야.
   It's a quarter past one.

★ 30분

30분은 thirty로 써도 되지만 15분을 quarter라고 하는 것과 같은 원리로 half(절반)라고 표현할 수도 있습니다.

예 **1:30**

A: **What time is it?** 지금 몇 시야?
B: **It's** one thirty. 1시 30분이야.
   It's half past one.

★ 45분

45분은 forty-five라고 말해도 되지만 정각이 되기까지 15분 남았다는 뜻으로 It's a quarter to ~라고 말해도 됩니다. 이때 to는 '~까지'라는 의미입니다.

예 **3:45**

A: **What time is it?** 지금 몇 시야?
B: **It's** three forty-five. 3시 45분이야.
   It's a quarter to four.

★ 50분, 55분

50분은 fifty로 쓰거나 정각까지 10분 남았다는 뜻으로 It's ten to ~라고 표현할 수 있습니다. 마찬가지로 55분은 It's five to ~라고 할 수 있습니다.

예 **3:50**

A: **What time is it?** 지금 몇 시야?
B: **It's** three fifty. 3시 50분이야.
   It's ten to four.

★ 일반동사

현재형	과거형	과거분사형	의미
send	sent	sent	보내다
bend	bent	bent	구부리다
buy	bought	bought	사다
teach	taught	taught	가르치다
think	thought	thought	생각하다
catch	caught	caught	잡다
say	said	said	말하다
lay	laid	laid	놓다
pay	paid	paid	지불하다
tell	told	told	말하다
sell	sold	sold	팔다
make	made	made	만들다
find	found	found	발견하다
have	had	had	갖다
write	wrote	written	쓰다
drive	drove	driven	운전하다
forget	forgot	forgotten	잊어버리다
get	got	got/gotten	얻다, 이해하다
sit	sat	sat	앉다
cut	cut	cut	자르다
put	put	put	놓다
quit	quit	quit	그만두다
read	read	read	읽다

go	went	gone	가다
eat	ate	eaten	먹다
give	gave	given	주다
hear	heard	heard	듣다
keep	kept	kept	지키다, 계속하다
feel	felt	felt	느끼다
leave	left	left	떠나다
sing	sang	sung	노래하다
see	saw	seen	보다
come	came	come	오다
take	took	taken	가져가다
drink	drank	drunk / drunken	마시다

★ be동사

현재형	과거형	과거분사형
am	was	
are	were	been
is	was	

나혼자 끝내는
독학 영어
첫걸음